Brigitte Lemberger

Grabpflege

Inhalt

Die rechtlichen Grundlagen der Grabgestaltung können Sie ab Seite 9 nachlesen.

Welche Kriterien Sie bei der Pflanzenauswahl beachten müssen? Informieren Sie sich ab Seite 46.

Tipps, wie man sein Grab vor Diebstahl schützen kann, ab Seite 92.

Liebevoll bepflanzte Gräber ehren das Andenken der Verstorbenen.

Ab Seite 141 finden Sie ein umfangreiches Register mit deutschen und lateinischen Pflanzennamen.

Grabpflege einst und heute

Seit Menschengedenken besteht das Bedürfnis, die Toten würdevoll zu begraben. Als die Menschen sesshaft wurden, schufen sie deshalb gemeinschaftliche Begräbnisstätten. Diese Orte dienten der Besinnung und Erinnerung an die Verstorbenen, hatten aber auch als Kultstätten eine hohe Bedeutung. Unsere heutigen Friedhöfe dienen darüber hinaus als Orte der Begegnung und – in Ballungsräumen – auch als »grüne Oasen«. Sie werden von vielen Menschen zur Erholung genutzt und sind sogar oft ein Lebensraum für selten gewordene Pflanzen und Tiere.

Zur Geschichte des Bestattungskults

Auf alten Friedhöfen kann man den Hauch der Geschichte spüren und kulturelle Hinterlassenschaften bewundern.

Geburt, Leben und Tod sind Stationen im Ablauf des irdischen Daseins. Doch auch die letzte Station betrachten viele Menschen nicht als Ende, sondern als Zäsur, der eine andere Daseinsform folgt. Der Glaube an ein Leben nach dem Tod drückt sich in der Achtung der Toten und in der Gestaltung und Pflege der Grabstätten aus. Durch Begräbnisrituale und gemeinsames Trauern wird die Verbundenheit der Lebenden mit den Toten zelebriert, wobei jede Epoche und jede Religion ihre eigene Ausdrucksform gefunden hat.

Germanen und frühes Christentum

Der Glaube an ein Leben nach dem Tod zeigt sich bereits in den Gräbern der Steinzeit, die mit verschiedenen Beigaben bestückt wurden. Die Nomaden-, Jäger- und Sammler-Kulturen beerdigten ihre Toten in Einzelgräbern. Sesshaft geworden, begruben die Menschen ihre Angehörigen in Gemeinschaftsstätten, Nekropolen (Gräberfeldern) oder an anderen Plätzen, die ausschließlich für die Bestattung vorgesehen waren. Im germanischen Raum errichtete man schon in frühen Zeiten Grabhügel, die sich harmonisch in die Landschaft einfügten und auch eine hohe kultische Bedeutung besaßen.

In der Römerzeit dienten die Katakomben den Christen einerseits als Versteck vor ihren Verfolgern, andererseits beerdigten sie ihre Toten in Grabnischen, die neben- und übereinander in die Wände eingebaut waren und mit Marmor- oder Ziegelplatten verschlossen wurden. Die Grabstätten und Gewölbe wurden mit Symbolen, Inschriften und Bildern geschmückt, die den Glauben an das ewige Leben zum Ausdruck brachten.

Katakomben sind unterirdische Begräbnisanlagen mit teilweise mehreren Etagen und kilometerlangen, schmalen Gängen.

Vom Kirchhof zum kommunalen Friedhof

Seit dem frühen Mittelalter war die Totenbestattung grundsätzlich eine Angelegenheit der Kirchen im Rahmen ihrer seelsorgerischen Aufgabe – ob orthodox, römisch-katholisch oder jüdisch. Nach der Reformation hatten auch die Protestanten ihre eigenen Friedhöfe. Als Begräbnisplatz diente der Kirchhof im Ortszentrum – die Kirche stand im Mittelpunkt und die Grabstellen wurden geometrisch darum gruppiert. Auf heutigen Dorffriedhöfen ist diese Anordnung teilweise noch gut zu sehen. Erst mit

Geistliche und namhafte Persönlichkeiten fanden auch innerhalb der Kirche ihre letzte Ruhestätte. Die Grüfte waren in den Boden oder die Wand eingelassen.

dem Anwachsen der Städte wurden die Begräbnisstätten in die Randgebiete der Ortschaften verlegt.

Die ersten Feldbegräbnisse außerhalb der Stadtmauern fanden statt, als die Pest in Europa wütete. Ihr fielen so viele Menschen zum Opfer, dass die bestehenden Friedhöfe einfach nicht mehr ausreichten. Auch um weitere Ansteckungen zu vermeiden, schien es angeraten, die Toten abseits von den Lebenden zu beerdigen.

Im Laufe der weiteren Entwicklung verloren die Kirchen ihre Monopolstellung bei der Regelung der Bestattung, die nach und nach auf die Gemeinden überging. Ab dem späten 18. Jahrhundert entstanden die ersten kommunalen Friedhöfe. Das hatte auch einen starken Einfluss auf die gestalterische Entwicklung, die vom Kirchhof weg zu gartenarchitektonischen Lösungen führte.

Oft wurden Friedhöfe nur deshalb aufgegeben und an den Stadtrand verlegt, weil man Platz für eine Erweiterung der Kirchengebäude benötigte.

Gestaltungsformen der Friedhofsanlagen

Im Klassizismus und in der Romantik rückte in Nord- und Mitteleuropa das Vorbild der Natur bei der Gestaltung der Friedhöfe immer mehr in den Vordergrund. Die in Mitteleuropa entstandenen Wald- und Parkfriedhöfe und die strenger konzipierten gartenarchitektonischen Varianten entwickelten sich regional aber durchaus unterschiedlich.

Das stetige Bevölkerungswachstum verlangte immer größere Friedhofsanlagen.

Parkfriedhöfe entstanden erst in der zweiten Hälfte des 19. Jahrhunderts. Das Vorbild lieferten englische Landschaftsgartenarchitekten, aber bald gab es auch auf dem Festland solche parkähnlich gestalteten Anlagen. Der Platzbedarf war enorm, da die Grabfelder in größere Freiflächen eingebettet wurden. Seen, Baumgruppen und Bauten dienten dabei als Blickfänge.

Waldfriedhöfe, die die Ruhe im »Heiligen Hain« als Vorbild haben, sind eher selten. Auch diese Anlagen sind flächenintensiv und durch den hohen Pflegebedarf sehr kostenaufwändig. Heutige Friedhöfe, die diesem Vorbild folgen, weisen deshalb meist einen weniger dichten Baumbestand auf als ihre historischen Vorgänger.

Gartenarchitektonische Friedhöfe, verstärkt zu Anfang des 20. Jahrhunderts entstanden, sind gekennzeichnet durch eine geometrische Anordnung mit repräsentativen Alleen, Schneisen und abgezirkelten Belegungsfeldern. Meist werden sie durch eine Hauptachse und mehrere Nebenachsen gegliedert.

Moderne Anlagen vereinigen in der Regel verschiedene Gestaltungselemente in sich. Man kann darin sogar manchmal Elemente des alten Dorffriedhofs finden, doch vor allem ist die Einbeziehung der umgebenden Landschaft in den Vordergrund gerückt. Einheimische Gehölze, frei wachsende oder nur wenig gestutzte Hecken gliedern die Anlage. Wege und Erhebungen passen sich dem Landschaftsbild an. Die Platzausnutzung für Begräbnisstellen ist wesentlich effektiver geworden und der Baumbestand deutlich geringer als bei Waldfriedhöfen.

Der Sennefriedhof und der Münchner Waldfriedhof entstanden Anfang des 20. Jahrhunderts und weisen einen besonders dichten Baumbestand auf.

Gestaltungsvorschriften auf dem Friedhof

Jeder Besuch auf dem Friedhof bedeutet für die Hinterbliebenen aktive Trauerarbeit und den Versuch einer Versöhnung mit dem oft so schweren Schicksal. Der Gang zum

Grab kann eine beruhigende Wirkung haben. Dabei ist nicht nur der individuelle Eindruck eines Grabbeetes, sondern vor allem auch die Wirkung der gesamten Anlage wichtig. Es ist Aufgabe und Ziel der Grabpflege, die Grabstelle harmonisch in ihre Umgebung einzupassen. Die Gestaltung des Grabes umfasst die Auswahl des Grabmals und die Bepflanzung des Beetes. Für beides gibt es bestimmte Vorschriften, die durch die Friedhofssatzung festgelegt sind. Solange Sie sich in diesem Rahmen bewegen, können Sie sich frei entfalten und individuelle Wünsche verwirklichen.

Rechtliche Grundlagen

Friedhöfe sind öffentlich-rechtliche Einrichtungen, die von den Gemeinden oder den verschiedenen Religionsgemeinschaften angelegt und unterhalten werden. Fachleute wie Gartenarchitekten, Architekten, Bildhauer, Steinmetze, Gärtner, Friedhofsverwalter und Geistliche sowie Vertreter der einschlägigen Fach-, Berufs- und kulturellen Verbände haben sich in einer Interessengemeinschaft zusammengefunden und allgemeine Richtlinien für die Gestaltung von Friedhöfen aufgestellt. Ziel dieser Richtlinien ist es, einen der Kulturnation entsprechenden Gesamteindruck des Friedhofs zu erreichen, ohne das Bürgerrecht auf freie Entfaltung zu sehr zu beschränken. Das kann natürlich nur ein Kompromiss sein. Da die Einheit der Gesamtanlage auf jeden Fall im Vordergrund steht, müssen Faktoren wie Bepflanzung, Wege, Grabflächen, Einfassungen und Grabmale darauf abgestimmt werden. Das Eigenständige und Individuelle wird nur so lange geduldet, wie es sich harmonisch einfügt.

Verschiedene Friedhofsbereiche
Damit das Persönlichkeitsrecht nach freier Entfaltung in einem gewissen Umfang gewahrt bleibt, sind die Friedhofsträger dazu verpflichtet, in jeder Anlage Bereiche anzulegen, die nur minimalen Gestaltungseinschränkungen unterliegen. Im Prinzip darf in solchen Abschnitten jedes Grabmal und jede Pflanze gesetzt werden, wenn sie mit der Würde des Friedhofs vereinbar sind. Außerdem müssen die öffentliche Sicherheit und das Wasserrecht gewahrt bleiben.

Neben diesen allgemeinen Richtlinien existieren für bestimmte Gräberfelder zusätzliche Gestaltungsvorschriften. Sie haben die Funktion, in einem bestimmten Bereich eine möglichst einheitliche Anlage durchzusetzen. Insbesondere wird in solchen Anordnungen festgelegt, welche Materialien und Oberflächenbearbeitungen für das Grabmal erlaubt sind, wie groß es sein darf und welche Art der Grabeinfassung und Bepflanzung vorgegeben ist.

Auszug aus der Musterfriedhofssatzung
Die Musterfriedhofssatzung des Städte- und Gemeindebundes von 1978 wurde als Vorlage für Friedhofssatzungen erarbeitet. Sie wird hier in einer gekürzten, leichter

Die Friedhofssatzung versucht, die Bedürfnisse des Einzelnen und die Erfordernisse der Allgemeinheit in Einklang zu bringen.

Im vergangenen Jahrhundert waren die Vorschriften nicht so streng. Dies brachte manch beeindruckendes, aber auch manch monströses Denkmal hervor.

Den ungekürzten Text der Friedhofssatzung finden Sie im Internet unter www.postmortal.de.

verständlichen Fassung vorgestellt. Eine vollständige Fassung kann im Internet eingesehen werden.

Da aber jede Gemeinde das Recht hat, eigene Vorgaben zu erlassen, können einzelne Punkte, je nach Friedhofsträger, von den hier vorgestellten Vorschriften abweichen. Wenden Sie sich deshalb vor Anlage des Grabes unbedingt an die zuständige Friedhofsverwaltung, um die für Sie gültige Fassung einzusehen.

Arbeiten auf dem Friedhof

❀ Die Wege dürfen nicht mit Fahrzeugen wie Rad oder Auto befahren werden (Ausnahme: Gewerbetreibende).

❀ An Sonn- und Feiertagen und nahe einer Bestattung dürfen keine störenden Arbeiten ausgeführt werden.

❀ Nach Bepflanzungsarbeiten müssen das Grab und die nähere Umgebung wieder aufgeräumt und Abfälle an den dafür vorgesehenen Stellen entsorgt werden.

❀ Außer Blindenhunden dürfen keine anderen Tiere mitgeführt werden.

Auch auf dem Friedhof wird Mülltrennung praktiziert.

Herrichtung und Unterhaltung

❀ Alle Grabstätten müssen im Rahmen der Vorschriften hergerichtet und dauerhaft in Stand gehalten werden. Verwelkte Blumen und Kränze sind baldigst von den Grabstätten zu entfernen.

❀ Die Gestaltung der Gräber ist dem Gesamtcharakter des Friedhofes, dem besonderen Charakter des Friedhofsteiles und der unmittelbaren Umgebung anzupassen. Die Grabstätten dürfen nur so bepflanzt werden, dass andere Grabstätten sowie die öffentlichen Anlagen und Wege dadurch nicht beeinträchtigt werden.

✳ Für die Herrichtung und die Instandhaltung ist der Inhaber bzw. der Nutzungsberechtigte verantwortlich. Die Herrichtung und jede wesentliche Änderung bedürfen der vorherigen schriftlichen Zustimmung der Friedhofsverwaltung.

✳ Die für die Grabstätten Verantwortlichen können die Grabstätten selbst anlegen und pflegen oder damit einen zugelassenen Friedhofsgärtner beauftragen.

✳ Grabstätten müssen innerhalb von sechs Monaten nach der Bestattung hergerichtet werden.

✳ Die Verwendung von Pflanzenschutz- und Unkrautbekämpfungsmitteln ist nicht gestattet.

»Wesentliche Änderungen« sind z. B. eine steinerne Einfassung, eine Vergrößerung oder eine Erhöhung des Grabes oder die Aufstellung eines anderen Grabmals.

Die Friedhofskapelle liegt inmitten einer parkähnlichen Anlage.

�֎ Die Herrichtung, Unterhaltung und Veränderung der gärtnerischen Anlagen außerhalb der Grabstätten obliegt ausschließlich der Friedhofsverwaltung.

✷ Kunststoffe und sonstige nicht verrottbare Werkstoffe dürfen in sämtlichen Produkten der Trauerfloristik, insbesondere in Kränzen, Trauergebinden, Trauergestecken, im Grabschmuck und bei Grabeinfassungen sowie bei Pflanzenzuchtbehältern, die an der Pflanze verbleiben, nicht verwendet werden. Ausgenommen sind Grabvasen, Markierungszeichen und Gießkannen.

✷ Wird eine Grabstätte nicht ordnungsgemäß hergerichtet oder gepflegt oder ordnungswidriger Grabschmuck verwendet, hat der Verantwortliche nach schriftlicher Aufforderung der Friedhofsverwaltung die Grabstätte innerhalb einer angemessenen Frist in Ordnung zu bringen.

Gestaltungsvorschriften

Auf Friedhöfen gibt es im Normalfall sowohl Abteilungen mit allgemeinen als auch solche mit darüber hinaus gehenden, speziellen Gestaltungsvorschriften. So kann z. B. in dem einen Bereich eine verkürzte Pflanzfläche der Grabstätte vorgeschrieben sein, in dem anderen eine bestimmte Grabeinfassung. Informieren Sie sich genau über die verschiedenen Anordnungen. Wo Sie Ihre Grabstätte wählen, ist Ihrem Geschmack überlassen.

✷ Jede Grabstätte ist – unbeschadet der Anforderungen für Abteilungen mit besonderen Gestaltungsvorschriften – so zu gestalten und so an die Umgebung anzupassen, dass der Friedhofszweck und der Zweck dieser Satzung sowie die Würde des Friedhofes in seinen einzelnen Teilen und in seiner Gesamtanlage gewahrt werden.

Große, ausladende Gehölze können benachbarte Grabstätten und öffentliche Wege beeinträchtigen und sind deshalb auf den meisten Friedhöfen nicht erlaubt.

�֎ Abteilungen ohne besondere Gestaltungsvorschriften unterliegen ansonsten bei der gärtnerischen Herrichtung der Grabstätte keinen besonderen Anforderungen.

✖ Die Grabmale und baulichen Anlagen in Abteilungen mit allgemeinen Gestaltungsvorschriften unterliegen in ihrer Gestaltung, Bearbeitung und Anpassung an die Umgebung keinen zusätzlichen Anforderungen.

Abteilungen mit speziellen Gestaltungsvorschriften
Die Vorschriften für solche Bereiche können je nach Region und Friedhofsträger sehr unterschiedlich ausfallen. Deshalb werden hier nur einzelne Beispiele vorgestellt. Die genauen Vorschriften erfahren Sie in der für Sie geltenden Friedhofssatzung.

✖ Für Grabmale dürfen nur bestimmte Materialien verwendet werden wie z. B. Natursteine sowie Holz und geschmiedetes oder gegossenes Metall. Findlinge, findlingsähnliche, unbearbeitete, bruchraue, grellweiße und tiefschwarze Steine sind meist nicht zugelassen.

✖ Die Gestaltung und Bearbeitung der Oberfläche des Grabmals und der Schrift unterliegen bestimmten Auflagen. So kann vorgeschrieben sein, dass der Grabstein nicht im Ganzen poliert werden darf oder aus einem Stück hergestellt sein muss.

✖ Auf Grabstätten für Erdbestattung und auf Urnengrabstätten werden für Grabmale ganz bestimmte Maße vorgegeben. Auf Reihengrabstätten kann die Höhe von stehenden Grabmalen auf 1,20 Meter begrenzt sein, bei einstelligen Wahlgrabstätten auf 1,30 Meter und bei mehrstelligen auf 1 Meter. Für Urnenreihengrabstätten ist teilweise nur eine Höhe von 90 Zentimetern erlaubt.

Die Mindeststärke und Höhe der Grabmale unterliegen bestimmten Vorschriften (siehe zuständige Friedhofsordnung).

Die Errichtung und jede Veränderung von Grabmalen bedarf der vorherigen schriftlichen Zustimmung der Friedhofsverwaltung.

Es darf nicht mehr als ein Drittel der Grabstätte mit Stein abgedeckt werden.

Die Grabstätten müssen in ihrer gesamten freien Fläche bepflanzt werden.

Unzulässig ist das Pflanzen von Bäumen oder großwüchsigen Sträuchern, das Einfassen der Grabstätte mit Hecken, Steinen, Metall, Glas oder Ähnlichem, das Errichten von Rankgerüsten, Gittern oder Pergolen, das Aufstellen einer Bank oder sonstigen Sitzgelegenheit.

Eine flächige Bepflanzung erhält man durch Boden deckende Gehölze und Stauden.

Auswahl der Grabstätte

Für die Körper- und die Urnenbestattung gibt es unterschiedliche Grabstätten. Eine weitere Unterteilung ergibt sich außerdem dadurch, dass die Nutzungsrechte je nach Grabart unterschiedlich sein können.

Verschiedene Formen von Grabstätten

Gestaltung und Bepflanzung des Grabes hängen wesentlich von der Wahl der Grabstätte ab. Man unterscheidet drei Grundformen:

Die Ruhefrist bei Reihengräbern liegt meist zwischen 15 und 25 Jahren.

Reihengrabstätten sind Einzelgräber, die »der Reihe nach« vergeben werden. Das Nutzungsrecht kann nach der von der Friedhofssatzung festgelegten Ruhefrist nicht verlängert werden.

Wahlgrabstätten werden in den jeweiligen besonderen Anlagen oder Abteilungen der Friedhöfe für Bestattungen zur Verfügung gestellt. Zumeist ist dabei auch ein über die festgelegte Ruhefrist hinausgehendes Nutzungsrecht möglich. Man kann auch für zwei oder mehrere nebeneinander liegende Gräber das Nutzungsrecht als Familiengrabstätte erwerben. Je nach Größe und Bodenbeschaffenheit können mehrere Särge oder Urnen beigesetzt werden.

Urnengrabstätten gibt es sowohl als Reihengräber als auch als Wahlgräber, die meistens in einem geschlossenen Urnenfeld zur Verfügung gestellt werden. Zusätzlich gibt es noch anonyme Urnenfelder, Grüfte, Urnenhallen und Ehrengrabstätten, die unter bestimmten Auflagen vergeben werden.

Bei Urnengräbern hat man wegen ihrer kleinen Größe weniger Gestaltungsmöglichkeiten, aber auch weniger Pflegeaufwand.

Zwischen dem üppigen Grün gewinnt das Rot an Intensität und Leuchtkraft.

Schmiedeeiserne Kreuze findet man häufig noch auf traditionellen Dorffriedhöfen.

Das Grabmal

Bei einem Grab-
mal sollten alle
Seiten ein har-
monisches Bild
ergeben und
nicht nur die
Vorderfront an-
sprechend ge-
staltet sein.

Das Grabmal ist das Denkmal für den Verstorbenen. Deshalb sollte bei der Wahl der Grundform ein Bezug zum Toten vorhanden sein. Ebenso wie Schrift und Sinnzeichen
nicht nur nach rein formalen Gesichtspunkten ausgesucht
werden, drückt die Gestalt des Grabmals etwas ganz Be-
stimmtes aus. Die hohe aufrechte Form streckt sich dem
Himmel entgegen in der Hoffnung auf Erlösung, das liegende Grabmal wirkt hingegen eher beschützend.

Formen und Materialien

Die hohe schlanke Stele, die liegende Steinplatte, das
Kreuz, das den christlichen Glauben symbolisiert, oder ein
künstlerisch gestaltetes Grabmal – jedes hat eine andere

Wirkung und Aussage. Und die einzelnen Materialien wie Stein, Holz, Eisen und Bronze schließen gleichzeitig eine bestimmte Bearbeitungstechnik mit ein.

Ein steinerner Findling wird z. B. nur beschriftet und ansonsten so belassen, wie die Natur ihn geformt hat. So entsteht ein einzigartiges, ganz persönliches Denkmal. Eine aufrechte Stele überzeugt auf einem lang gestreckten Reihengrab durch ihre Leichtigkeit und lenkt den Blick des Betrachters nach oben.

Die Materialbeschaffenheit, die Gestaltung und die Farbe des Grabmals fordern eine dazu passende Bepflanzung. Eine raue Oberfläche wirkt beispielsweise lebendiger, eine glatte strenger. Blaustichige Steine harmonisieren mit warmen Tönen.

Muschelkalk, Sandstein, Marmor und Travertin werden durch Regenwasser und Säuren besonders leicht angegriffen und dürfen nicht mit scharfen Haushaltsreinigern behandelt werden.

Grabsteinpflege

Wie makellos und sauber das Grabmal aussehen soll, hängt vor allem vom persönlichen Geschmack ab. Findlinge und grob bearbeitete Steine erhalten durch Algen, Moose, Flechten und andere Verfärbungen eine natürliche Patina. Auch das Altern von Grabsteinen mit glatten Oberflächen ist ein natürlicher Vorgang.

Doch wenn Sie Wert auf einen sauberen Grabstein legen, ist eine regelmäßige Reinigung empfehlenswert. Meist reichen dazu klares Wasser und eine Bürste. Falls Ihnen das aber zu mühsam ist oder Sie keine Zeit haben, können Sie auch den Steinmetz beauftragen, ein stark verschmutztes Grabmal mit dem Hochdruckreiniger zu säubern. Zudem gibt es im Fachhandel spezielle Behandlungs- und Imprägnierungsmittel, die ein schnelles Verwittern, vor allem von Weichgesteinen, verhindern sollen.

Die natürliche Patina verbindet Grabstein und umgebende Pflanzung. Eine Reinigung ist deshalb im Grunde nicht nötig.

Anlage und Pflege des Grabes

Zu den allerersten Arbeiten am Grab gehört die Vorbereitung des Bodens für die Bepflanzung. Welche Pflanzen sich am besten eignen und welche Gestaltungsformen möglich sind, erfahren Sie in den nachfolgenden Kapiteln. Hier möchten wir Sie zunächst – unabhängig von der konkreten Bepflanzung – mit den wichtigsten Handgriffen rund um die Anlage und Pflege vertraut machen.

Die Übergangszeit

Nach der Beerdigung schmücken noch ein paar Tage Kränze und Gestecke das Grab. Wenn sie verwelkt sind, werden sie gemeinsam mit der überschüssigen Erde abgeräumt, und das Grab wird so eingeebnet, dass ein niedriger Hügel zurückbleibt. Da das locker aufgeschichtete Aushubmaterial einige Zeit braucht, um sich zu setzen, ist eine endgültige Bepflanzung erst nach mehreren Monaten bis zu einem Jahr möglich.

In der Übergangszeit kann man – z. B. in Form einer kleinen Skizze und einer detaillierten Einkaufsliste – in Ruhe die zukünftige Gestaltung des Grabes planen.

Provisorische Gestaltung
Die genaue Zeitdauer von der Beisetzung bis zum Zeitpunkt, ab dem das Grab bepflanzt werden kann, richtet sich nach der Bodenzusammensetzung. Die Friedhofsverwaltung kann Ihnen über den zu erwartenden Zeitraum

genauere Auskunft geben. Während dieser Übergangszeit erhält das Grab nur eine vorläufige Gestaltung. Im
Frühjahr, Sommer und Herbst bieten sich dafür Saisonpflanzen (→ Seite 81–91) an, im Winter reicht eine Abdeckung mit Koniferen-, Tannen- oder Fichtenzweigen,
oder Sie schmücken die Grabstelle mit einem haltbaren
Gesteck (→ Seite 128–130).

Als erster Schmuck
bieten sich alle
für eine Wechsel-
bepflanzung ge-
eigneten Blumen
und Stauden an.

Bodenvorbereitung und Verbesserung

Schon vor der ersten Bepflanzung können Sie einiges für
die Verbesserung des Bodens tun, indem Sie entspre-
chende Zusatzstoffe in die Erde einarbeiten. Doch dafür
sollten Sie wissen, ob Sie es mit einem sandigen, tonigen
oder lehmigen Boden zu tun haben.

Fruchtbare Erde

Eine fruchtbare Erde besteht aus einer Mischung von Sand,
Lehm und Humus. Die gröberen mineralischen Bestandteile, aber auch die organischen Stoffe sorgen dafür, dass
der Boden locker bleibt und Luft in den Wurzelraum eindringen kann. Feinere Tonbestandteile und der Humus
halten andererseits genug Wasser im Boden, damit die
Pflanzen nicht verdursten.

Die Erde, die Sie auf dem Grab vorfinden, ist Aushubmaterial aus verschiedenen Bodenschichten – also eine Mischung aus humushaltigem Oberboden und eher nähr-
stoffarmem, mineralischem Unterboden. Und diese Mischung ist meistens alles andere als ideal für das Pflan-
zenwachstum.

Die Fruchtbarkeit
eines Bodens
hängt von der
mineralischen Zu-
sammensetzung
und dem Gehalt
an organischem
Material ab.

Bestimmung des Bodentyps

Damit Sie den Grabboden effektiv verbessern können, sollten Sie seine Zusammensetzung näher untersuchen. Nehmen Sie eine Probe vom Grabhügel, die eher heller ist. Die hellere Farbe ist ein Hinweis darauf, dass die Erde vor allem aus mineralischen Bestandteilen besteht, denn organisches Material wie Humus färbt sie dunkel. Zerreiben Sie diese Probe zwischen den Fingern.

Sandigen Boden erkennen Sie an den vielen – gröberen – Körnern und daran, dass die Masse leicht zerfällt. Ein Sandboden hat reichlich größere Hohlräume, aus denen Wasser gut abfließen kann. Solche »leichten« Böden sind locker und gut durchlüftet, sie trocknen aber schnell aus. Auch Nährstoffe werden darin rascher abgebaut und leichter ausgewaschen.

Toniger Boden lässt sich problemlos zu einer bleistiftdicken Rolle formen und enthält höchstens einzelne Sandkörner. Ein reiner Tonboden hat nur sehr kleine Hohlräume, in denen das Wasser gut gehalten wird. Solche »schweren« Böden, die umgangssprachlich oft Lehmböden genannt werden, sind dicht und schlecht durchlüftet. Deshalb neigen sie zu Staunässe.

Lehmiger Boden ist speckig, zerkrümelt aber beim Verformen und bildet beim Aufbrechen abgeeckte Kanten. Er beinhaltet gröbere Sand- und feinere mineralische Tonbestandteile und besitzt deshalb sowohl kleinere als auch größere Hohlräume. Dadurch ist sein Wasserhaushalt ausgeglichener und seine Fruchtbarkeit meist am höchsten.

Die ansässige Friedhofsgärtnerei kann Ihnen bei der Bestimmung des Bodentyps behilflich sein und Ihnen Tipps geben, wie dieser notfalls verbessert werden kann.

Humusgehalt

Für die Fruchtbarkeit eines Bodens ist auch der Gehalt an organischem Material – an Humus – wichtig. Sie erkennen ihn an der mehr oder weniger dunkelbraunen Färbung der Erde. Ist dieser Humusanteil am oberflächlich gelagerten Aushub nur gering, dann dürfte der Boden eher nährstoffarm sein. Ein fruchtbarer Boden weist eine satt dunkelbraune Färbung bis in etwa 25 Zentimeter Tiefe auf und ist locker und krümelig. Wenn Sie eine Probe aus dem humosen Bereich nehmen, werden Sie den erdigen Geruch der organischen Bestandteile feststellen können.

Da der Boden eines Grabhügels beim Aushub umgelagert wurde, ist der Humusanteil meistens gering.

Den Boden verbessern

Es gibt Pflanzen, die auch auf nährstoffarmen Sandböden zufriedenstellend wachsen oder bei Staunässe in dichten Tonböden überleben können. Doch bei solchen extremen Verhältnissen werden Sie sich auf wenige, ausgesuchte Arten beschränken müssen. Da fast alle Pflanzen am besten auf einem humosen, lockeren Boden wachsen, lohnt es sich, die Bodenqualität durch bestimmte Zusatzstoffe zu verbessern.

Durch Zugabe von Sand oder Tonmineralien können Sie die Erde nachhaltig verbessern.

Bei hohem Tongehalt hilft die Zugabe von Sand, den Boden aufzulockern und der Staunässe vorzubeugen. Sie brauchen für eine Fläche von vier Quadratmetern etwa einen Schubkarren Sand, den Sie in die obersten zehn Zentimeter einarbeiten. Außerdem sollten Sie besonders auf schweren Böden regelmäßig die obersten Zentimeter hacken oder ständig mit einer Mulchschicht (→ Seite 25–26) schützen, damit keine Trockenrisse entstehen, durch die das Regen- und Gießwasser schnell abfließen kann.

Bei eher leichten, sandigen Böden können Sie das Wasserhaltevermögen durch fein vermahlene Tonmineralien (im Gartenfachhandel erhältlich) deutlich verbessern. Diese Steinmehle, die das Mehrfache ihres Eigengewichts an Wasser binden können, werden oberflächlich in die Beete eingeharkt. Verwenden Sie bis zu ein Kilogramm pro Quadratmeter.

Organische Düngung

Bei allen Böden mit geringem Humusanteil wird die Qualität durch das Einbringen von Kompost verbessert. Das organische Material lockert auf lange Sicht den Boden und verbessert gleichzeitig die Speicherfähigkeit für Wasser und Nährstoffe.

Die Zugabe von Kompost oder humusreicher Erde erhöht die Fruchtbarkeit des Bodens.

Im Spätwinter oder Frühjahr können unter Ziergehölzen etwa fünf Liter halbreifer oder reifer Kompost pro Quadratmeter aufgebracht werden – eine weitere Düngung ist dann nicht mehr nötig.

Für die Bodenverbesserung und Düngung arbeitet man im Frühjahr eine ein bis maximal zwei Zentimeter dicke Schicht von gut durchgerottetem Kompost oberflächlich in die Beete ein.

Schwere Lasten transportieren

Die schweren Säcke mit Sand, Steinmehl oder Kompost werden Sie wahrscheinlich kaum selbst heranschleppen wollen. Sie können sich für den Transport einen faltbaren Schubkarren zulegen. Es gibt ihn schon für wenig Geld im gut sortierten Gartenhandel (→ Seite 138). Oder Sie können diese »schwergewichtige« Aufgabe auch dem Friedhofsgärtner überlassen (→ Seite 44–45).

Torf zum Lockern der Beete?

Dieser sehr langsam nachwachsende Rohstoff ist Hauptbestandteil der meisten Kultur- und Anzuchtsubstrate, und er wird auch von den Friedhofsgärtnern zur Lockerung und als Mulchschicht eingesetzt. Abgesehen von der damit verbundenen Zerstörung seltener Hochmoore hat Torf auch andere Nachteile: Er enthält nahezu keine für die Pflanzen verfügbaren Nährstoffe, dafür aber viele Säuren, die, außer auf sehr kalkreichen Böden, wieder neutralisiert werden müssen (→ Seite 27–28). Auch der viel gepriesene Boden lockernde Effekt ist nur von kurzer Dauer und steht oft in keinem Verhältnis zum Aufwand: In einem nährstofffreien Beet wird Torf nämlich in kürzester Zeit abgebaut.

Wegen der langen Transportwege und dem oft unkontrollierten Abbau in zumeist osteuropäischen Ländern ist die Verwendung von Torf ökologisch bedenklich.

Mulchen oder geschlossene Bepflanzung

Eine Verschlämmung der Bodenoberfläche und das Aufkommen von Wildkräutern können Sie vermeiden, indem Sie die Erde nie längere Zeit unbedeckt lassen. Durch eine Mulchdecke oder eine Dauerbepflanzung wird der Boden vor Auswaschung geschützt sowie seine Feuchtigkeit und Lockerheit erhalten. Sie sparen sich so auch einen Großteil der Hackarbeiten, wodurch Schäden an flach wurzelnden Dauerpflanzen – wie z. B. vielen Bodendeckern – vermieden werden. Vom Frühling bis zum Sommer mulcht man die unbewachsenen Stellen; den Winter über decken Sie am besten die ganze Fläche ab.

Zum Mulchen können Sie alle Materialien nehmen, die das Gesamtbild der Anlage nicht stören. Gut geeignet ist vor allem Holzhäcksel oder Rindenmulch.

Zu den Moor-
beetpflanzen
gehören neben
Rhododendron
z. B. Erika
(Winterheide),
Besenheide,
Scheinbeere,
Haselwurz und
Lavendelheide.

Rindenmulch und Rindenhumus

Die Rinde von Bäumen ist relativ sauer und kann, in dicken Schichten ausgebracht, zumindest stellenweise zu einer merklichen Senkung des pH-Werts im Boden führen. Deshalb ist sie für Säure liebende Wald- und Moorbeetpflanzen wie Rhododendren (→ Seite 57) sowie für sehr kalkreiche Böden optimal geeignet. Rinde ist ebenso wie Holzhäcksel sehr nährstoffarm, weswegen eine zusätzliche Düngung unbedingt anzuraten ist. Am besten eignet sich dazu ein organischer Stickstoffdünger wie beispielsweise Hornmehl.

Für alle Pflanzen ist Rindenhumus gut – das ist kompostierte, aufgedüngte Baumrinde, die mit Kalk auf einen günstigen pH-Wert gebracht wurde.

Für die Übergangszeit genügen im Sommer einige Saisonpflanzen.

Graberde

Sie wird wegen ihrer dunklen Farbe aus Gründen der Optik eingesetzt und trägt kaum zur Verbesserung der Bodenqualität bei. Aus Umweltschutzgründen sollte sie unbedingt frei von Ruß und Torf sein. Heute gibt es genügend Alternativprodukte aus Kompost und Rindenmulch, die von Natur aus eine würdevolle dunkle Farbe haben. Bei einem dichten Bewuchs kann man auf diese Schmuckerde ganz verzichten.

Schmückende Abdeckungen mit Kies und Sand sind oft nicht erlaubt. Nehmen Sie stattdessen Koniferenzweige, Wurzeln und Zapfen.

Wann braucht der Boden Kalk?

Auch der Zusatz von Kalk gilt unter bestimmten Voraussetzungen als Boden verbessernde Maßnahme. Der Kalkgehalt beeinflusst den Säuregehalt des Bodens (pH-Wert) und damit die Löslichkeit bzw. Verfügbarkeit von Pflanzennährstoffen. Die meisten Nährstoffe können am besten bei einem leicht sauren pH-Wert zwischen 5,5 und 6,5 aufgenommen werden. Eine Überkalkung führt daher bei vielen Pflanzen leicht zu Mangelkrankheiten und ist nur schwer wieder rückgängig zu machen.

Außerdem sind bei den verschiedenen Pflanzengruppen die Ansprüche an den Säuregehalt des Bodens ziemlich unterschiedlich. An einem natürlichen Wald- oder Moorstandort ist der Untergrund durch den hohen Anteil an Humus relativ sauer. Dagegen wachsen die meisten Laubgehölze und Blumenstauden eher auf einem lehmreichen Boden mit einem zumindest mittleren Kalkgehalt.

Der pH-Wert bewegt sich zwischen 0 (stark sauer) und 14 (stark alkalisch). Der mittlere Wert 7 bezeichnet eine neutrale Lösung.

Messung des pH-Werts

Bevor Sie kalken, sollten Sie deshalb zuerst abklären, welche Ansprüche die von Ihnen ausgesuchten Pflanzen haben. Untersuchen Sie dann den Boden auf seinen pH-Wert – einfach zu handhabende Testsets sind im Fachhandel erhältlich –, oder fragen Sie Ihren Friedhofsgärtner.

Sollte der Standort wirklich zu sauer sein, hilft eine Gabe von gemahlenem Kalkstein (am besten Algenkalk oder kohlensaurem Kalk), der etwa zehn Zentimeter tief in den Boden eingearbeitet werden sollte. Aber Vorsicht! Tun Sie des Guten nicht zu viel.

Die Anlage des Grabbeetes

Bei manchen Friedhofsanlagen sind die Gräber oft schon durch schmale Steine voneinander abgegrenzt.

Wenn die Beeterde optimal vorbereitet ist und sich der Boden gesetzt hat, erfolgt die Formung des Grabbeetes: Dafür wird die Erde auf etwa zehn Zentimeter Höhe eingeebnet. Auf manchen Friedhöfen sind auch etwas höhere Grabhügel erlaubt. Zu den Seiten sollte das Beet ein leichtes Gefälle haben, damit das Wasser gut ablaufen kann. Nehmen Sie ein Brett zu Hilfe, um die Oberfläche zu begradigen und die Kanten zu ziehen.

Bei größeren Wahlgräbern können Sie Trittsteine in die Oberfläche einpassen, um bei Pflegearbeiten leichter alle Bereiche erreichen zu können. Die Steinart sollte unbedingt zum Grabmal passen. Auch bei kleineren Gräbern ist eine befestigte Fläche zum Aufstellen von Pflanzschalen, Vasen oder Lichtern sinnvoll.

Die Abgrenzung des Grabes

Bei der Gestaltung der Grabkanten richtet man sich nach der Friedhofsordnung (→ Seite 11–16) bzw. den Nachbarfeldern. Um keine Wildkräuter von außen einwandern zu lassen, werden die Kanten sauber abgestochen und später dicht bepflanzt. Halten Sie einen Streifen um das Grab herum von Bewuchs frei. Durch das regelmäßige Säubern dieser Barriere verhindern Sie das Einwandern von lästigen Wurzelunkräutern.

Achten Sie darauf, dass das Beet nicht größer ist als die festgelegte Grabfläche. Das Friedhofspersonal kontrolliert regelmäßig die Flächengröße und verbliebene Wegbreite. Eine Überschreitung wird nicht toleriert.

Einfassungen mit Buchs oder anderen Bodendeckern wirken sehr streng, verhindern aber das Einwandern von Wurzelunkräutern.

Steinerne Grabeinfassungen

Bei vielen alten Gräbern sieht man markante Grabeinfassungen aus Stein. Diese Abgrenzung der eigenen Grabstätte ist zwar gefühlsmäßig durchaus nachzuvollziehen – man schafft sich dadurch einen definierten Raum –, sie widerspricht aber der harmonischen Einpassung in die Landschaft. Eine Vielzahl von Mäuerchen lässt den Friedhof regelrecht versteinern. Deshalb verbieten die meisten Friedhofsordnungen eine solche Einfassung.

Weniger ist mehr

Doch dieser erzwungene Verzicht bringt auch Vorteile mit sich. Die meist eher kleine Fläche wird nicht zusätzlich beschnitten, und bei Grabsenkungen kommen auf Sie keine kostspieligen Reparaturen zu. Außerdem sind solche Grabeinfassungen richtige Stolpersteine, die schon häufig Unfälle verursacht haben.

Trotzdem müssen Sie nicht auf eine zumindest optische Abgrenzung verzichten. Viele Gräber werden so bepflanzt, dass sie von einer Dauerkultur mit Zwergbüschen oder niedrig wachsenden Bodendeckern (→ Seite 62–77)

Auch wenn auf vielen Dorffriedhöfen steinerne Grabeinfassungen zum normalen Bild gehören, sind sie nicht überall erlaubt.

eingefasst werden. Eine seitliche Kiesabdeckung empfiehlt sich dagegen nicht. Ihr Anblick ist ähnlich kalt und abweisend wie eine Steineinfassung. Außerdem macht es viel Arbeit, die Zwischenräume dauernd von Unkräutern zu befreien.

Sie können für die Grabbepflanzung eine große Auswahl an Pflanzen beim Gärtner kaufen oder Saisonpflanzen selbst ziehen.

Die Bepflanzung des Grabes

Wenn sich der Boden gesetzt hat und das Grabmal steht, kann die »richtige« Bepflanzung erfolgen. Bei der Auswahl der Pflanzen ist vor allem bei Gräbern mit zusätzlichen Gestaltungsvorschriften die Friedhofsordnung zu beachten (→ Seite 11–16). Auch wenn keine Auflagen vorliegen, ergibt sich ein harmonischeres Bild, wenn Sie das Grab in Abstimmung mit den Nachbargräbern gestalten. Bevor Sie also einen genauen Bepflanzungsplan aufstellen, sollten Sie ein paar Schritte zurückgehen und sich überlegen, welche Arten für die Dauer- und Wechselbepflanzung zu dieser Umgebung passen könnten.

Tipp

Wurzelfeste Folien

Den Wurzeldruck von benachbarten Großbäumen und Hecken können Sie durch Verwendung von wurzelfesten Folien, die an den Seiten der Grabflächen 60 bis 80 Zentimeter tief eingegraben werden, etwas vermindern. Einfacher und auch auf die Dauer sicherer ist es allerdings, den Standort mit Arten zu bepflanzen, die auch unter solchen Bedingungen ohne Probleme wachsen können.

Nützliche Gartenwerkzeuge bei der Grabpflege

Es gibt im Handel Miniaturausgaben der meisten Gartengeräte. Sie sind leicht zu transportieren und reichen für die kleine Beetfläche aus.

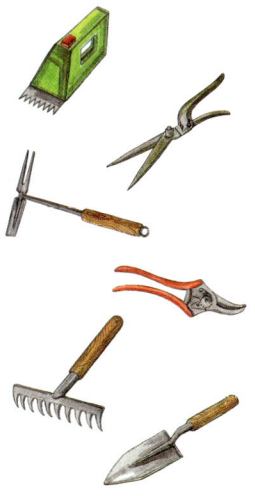

❁ Zum Stutzen von Gras eignet sich eine Akku-Rasenschere oder eine Handgrasschere.

❁ Mit der klassischen Astschere schneiden Sie Sträucher, Zwergbäume, Kletterpflanzen, Rosen und alle Bodendeckerarten.

❁ Die Gartenkelle oder Handschaufel brauchen Sie sowohl zum Ein- als auch zum Umpflanzen.

❁ Mit einer Handhacke oder einem Kleinrechen können Sie den Boden oberflächlich aufrauen und gleichzeitig keimendes Unkraut entfernen. Bei Flachwurzlern, wie den meisten Bodendeckerarten, sollten Sie dabei aber vorsichtig sein, damit Sie die Wurzeln möglichst wenig verletzen.

❊ Ein Unkrautstecher hilft Ihnen dabei, tief wurzelnde Unkräuter zu entfernen.

❊ Um das Laub zusammenzukehren, können Sie ganz nach Belieben den Kleinrechen oder einen Drahthandfeger verwenden.

❊ Eine Gießkanne sollten Sie bei einem Gang auf den Friedhof immer dabeihaben. Die diesem Buch beigegebene Faltgießkanne passt in jede Tasche.

Pflanzen selbst ziehen und vermehren

Bei einer Grabbepflanzung haben Sie die Möglichkeit, direkt ins Beet auszusäen, Zwiebeln und Knollen zu setzen (→ Seite 82) oder Stauden und Sträucher zu pflanzen. Um vom Frühjahr bis in den Herbst hinein eine geschlossene Pflanzendecke auf dem Beet zu haben, sollten Sie aber schon etwas größere Gehölze und kurz vor der Blüte stehende Blumen verwenden.

Wenn Sie zu Hause einen Garten oder Balkon haben, können Sie ihren Bedarf an neuen Blumen auch selbst heranziehen. Stauden lassen sich leicht durch Teilung ihres Wurzelstocks und viele Gehölze einfach durch Stecklinge vermehren.

Zweijährige Blumen wie Hornveilchen, Stiefmütterchen oder Goldlack kauft man wegen ihrer langwierigen Anzucht am besten als bereits blühende Pflänzchen beim Gärtner.

Vorkultur

Die sicherste Ansaattechnik ist die etwas aufwändige Vorkultur unter Glas oder auf dem Fensterbrett. Für wärmebedürftige Blumen ist sie oft die einzige Möglichkeit, rechtzeitig im Jahr aus Samen gesunde Pflanzen heranzuziehen. Dabei gibt es einiges zu beachten.

Aussaat Sie erfolgt in Schalen mit gleichmäßig, aber mäßig feuchtem Anzuchtsubstrat. Ebenso wie bei der Freilandaus-
saat sollten die Samen nicht zu dicht ge-
sät werden – die Konkurrenz zwischen
den Keimlingen ist sonst zu groß.

Achten Sie beim
Kauf der Samen
auf das Mindest-
haltbarkeitsdatum.

Vermeiden Sie Zugluft Unvorsichtiges Lüften und zu hohe Temperaturen durch Heizung oder direkte Sonneneinstrahlung schädigen Ihre Zöglinge. Die jungen Pflanzen
haben noch kaum Wurzeln und können sehr schnell wel-
ken. Andererseits brauchen sie möglichst viel Licht, sonst
bilden sie nur lange, schwache Triebe aus, die ihr eigenes
Gewicht kaum tragen können und leicht umfallen.

Pikieren Wenn die Pflänzchen zu eng
stehen oder groß genug sind, um sie gut
handhaben zu können, sollten sie ver-
einzelt, das heißt »pikiert« werden. Die
kräftigsten Pflänzchen werden vorsichtig
mit einem flachen Holzstäbchen oder einer Gabel herausgenommen und in größere Töpfe umgesetzt.

Das Umsetzen der
zarten Pflänzchen
sollte mit Finger-
spitzengefühl er-
folgen.

Vermehrung durch Stecklinge
Viele zu den Gehölzen gehörenden Bodendeckerarten lassen sich durch so genannte Kopfstecklinge vermehren.

Schneiden der Stecklinge Mit einem Messer werden etwa
zehn Zentimeter lange, ausgereifte Triebspitzen knapp
unterhalb eines Blattknotens abgeschnitten und die un-
tersten Blätter und eventuelle Blütenansätze entfernt.

Anzucht Danach werden die Stecklinge in Töpfe oder Schalen mit feuchtem Anzuchtsubstrat gesetzt. Um eine hohe Luftfeuchtigkeit zu erhalten, stülpen Sie am besten eine Plastiktüte darüber, oder Sie ziehen die Pflänzchen in einem Zimmergewächshaus. Erst wenn die Stecklinge angewurzelt sind und neue Blätter zu bilden beginnen, sollten Sie die Abdeckung langsam entfernen.

Um Ausfälle in der Bepflanzung zu ersetzen, können Sie Bodendecker durch Stecklinge vermehren.

Abhärten Vor dem Auspflanzen müssen die Jungpflanzen abgehärtet werden. Stellen Sie sie ein paar Tage an einen halbschattigen, geschützten Platz ins Freie, wo sie sich langsam an die direktere Sonneneinstrahlung und das rauere Freilandklima gewöhnen können.

Vermehrung durch Teilung

Die meisten Stauden lassen sich durch Teilung vermehren. Stechen Sie dazu im Frühjahr oder Herbst mit dem Spaten einen Teil von dem Wurzelstock ab, oder graben Sie die ganze Pflanze vorsichtig aus, und teilen Sie sie in zwei bis vier Stücke.

Auspflanzen

Für die Neuanlage eines Grabbeetes eignet sich am besten das Frühjahr. Das Angebot in den Gärtnereien ist jetzt besonders groß, und die Pflanzen leiden weder an zu starker Sonneneinstrahlung noch an Trockenheit. Außerdem haben die Gehölzarten bis zum Herbst genügend Zeit anzuwachsen, sodass sie in der Regel den ersten Winter gut überstehen. Nach der Grundbepflanzung mit dauerhaften Arten werden in den jeweiligen Jahreszeiten nur noch die Saisonpflanzen erneuert.

Auspflanzen Schritt für Schritt

✿ Vor dem Einsetzen der Pflanzen sollten Sie den Boden mit dem Rechen etwas aufrauen, da gerade die oberen Zentimeter des Erdreichs durch Regengüsse leicht verschlämmen können.

Lockern Sie die der Erde mit einem Rechen.

✿ Arrangieren Sie dann erst einmal die Pflanzen auf dem Beet, wie sie später stehen sollen. Am besten zuerst die größeren Gehölze, dann die Bodendecker und zum Schluss die Blumen.

✿ Eine versetzte Anordnung sieht natürlicher aus als in Reihe gestellt. Wählen Sie den Abstand weit genug, damit sich die Gehölze und Stauden ausbreiten können.

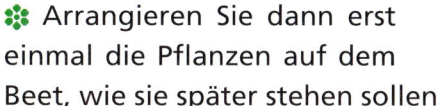

Arrangieren Sie vor dem Einpflanzen die Pflanzen auf dem Grab, wie sie später stehen sollen.

✿ Pflanzen Sie von hinten nach vorne bzw. von der Mitte nach außen. Achten Sie dabei darauf, dass hochwüchsigere Arten die niedrig bleibenden nicht zu sehr beschatten.

Da der Randbereich besonders zum Austrocknen neigt, sollten Sie hier die weniger empfindlichen Arten setzen.

✿ Heben Sie ein passendes Pflanzloch aus, das immer etwas größer sein sollte als der Wurzelballen.

Heben Sie ein Pflanzenloch aus, und mischen Sie Dünger unter die Erde, bevor Sie die Pflanze einsetzen.

❁ Mischen Sie etwas organischen Dünger (→ Seite 24) wie Hornspäne oder Blutmehl oder einen mineralischen Langzeitdünger dazu.

Beachten Sie, dass die Pflanze nicht tiefer in der Erde steht, als sie im Topf gestanden ist.

❁ Stellen Sie die Pflanze mit dem Wurzelballen so hinein, dass ihre schönste Seite zum Betrachter zeigt. Füllen Sie die Zwischenräume mit Erde auf, und drücken Sie sie von allen Seiten vorsichtig an.

Nach dem Einsetzen wird die Erde um die Pflanze vorsichtig angedrückt und danach gut angegossen.

❁ Gießen Sie die Pflanzen kräftig, damit die feinen Erdteilchen zwischen die Wurzeln einschlämmen können. Halten Sie die Pflanzen auch während der nächsten Tage gleichmäßig feucht.

Tipp

Der Pflanzenabstand

Die Abstände der Pflanzen bei allen Bodendeckern sollten so gewählt sein, dass nach spätestens einem Jahr eine geschlossene Gründecke entstanden ist. Da es bei einigen Arten bei zu dichtem Bestand zu Pilzbefall kommen kann, sollte man regelmäßig auslichten bzw. zurückschneiden. Bedenken Sie auch, dass vor allem Zwergbäume und blühende Sträucher besser zur Geltung kommen, wenn sie etwas Platz haben.

Pflegearbeiten

Nach dem Bepflanzen des Grabes kommen regelmäßige Pflegearbeiten auf Sie zu. Ohne Wasser und Nährstoffe werden die Blumen und Gehölze nicht gedeihen. Damit Unkräuter und Schädlinge nicht überhand nehmen, sind bestimmte Vorkehrungen zu treffen. Durch die Wahl standortgerechter und robuster Pflanzen kann man aber den Pflegeaufwand deutlich reduzieren. Oder Sie beauftragen einen Friedhofsgärtner für besonders schwere oder lästige Aufgaben.

Gießen

Wenn der Standort keine oder nur sehr wenige unbedeckte Flächen aufweist, wird der Wasserbedarf der Pflanzen normalerweise durch die natürlichen Niederschläge gedeckt. Die Feuchtigkeit hält sich gut im Boden, die Verdunstung ist auf ein Minimum beschränkt. Häufiger gießen müssen Sie nur in ganz bestimmten Fällen:

❁ Bei sehr leichten, sandigen Böden fließt das Wasser allgemein schnell ab, und der Boden trocknet dadurch leicht aus. Hier sind Boden verbessernde Substanzen (Tonmehle, → Seite 24) und alle Maßnahmen zur Erhöhung des Humusgehalts dringend anzuraten.

❁ Ansaaten und frisch ausgepflanzte Blumen können schon durch kurzzeitiges Austrocknen vernichtet werden. Gießen Sie deshalb regelmäßig, aber vorsichtig, bis die Pflänzchen erstarkt sind.

❁ Während langer, hochsommerlicher Hitzeperioden machen nahezu alle Pflanzen zumindest etwas schlapp und haben einen erhöhten Wasserbedarf. Nur bei sehr wider-

Für alle, die es lästig finden, immer eine sperrige Gießkanne zum Friedhof tragen zu müssen, gibt es faltbare Gießkannen, die auch in kleinen Taschen Platz haben.

standsfähigen Arten werden Sie um das regelmäßige Gießen herumkommen.

✿ An regengeschützte Stellen unter dichten Bäumen wird höchstens bei starken Winden etwas Nass hingeweht. Eine regelmäßige Bewässerung ist deshalb notwendig.

Was Sie beim Gießen beachten sollten
Gießen Sie möglichst am Morgen, wenn der Boden noch kühl ist und nur wenig Wasser verdunstet. Bis zum heißen Mittag sind die Pflanzen abgetrocknet und mit Wasser vollgesogen – die sengende Sonne kann ihnen dann nichts mehr anhaben. Abendliches Gießen dagegen fördert bei entsprechend empfindlichen Pflanzen wie Rosen das Auftreten von Pilzkrankheiten. Gießen Sie lieber selten und durchdringend als häufig und oberflächlich. Um einen ausgetrockneten Boden in bis zu 30 Zentimeter Tiefe zu befeuchten, brauchen Sie etwa 30 Liter Wasser pro Quadratmeter. Denn nur, wenn das Wasser auch in tiefere Schichten gelangt, können die Pflanzen mit ihren Wurzeln nach unten wachsen. Dadurch erhöht sich die Standfestigkeit, und Nährstoffe können besser aufgenommen werden.

Düngen

Nährstoffe werden von den Pflanzen in wassergelöster Form über die Wurzeln, manchmal auch über die Blätter aufgenommen. Stickstoff (als Nitrat oder Ammonium), Phosphor (als Phosphat), Kalium, Magnesium und Kalzium braucht die Pflanze in größeren Mengen – man nennt sie deshalb auch die Hauptnährstoffe. Die so genannten Spurenelemente werden von der Pflanze zwar ebenso zwingend zum Leben benötigt – aber nur in geringen Mengen. Zu ihnen gehören beispielsweise Eisen, Kupfer und Mangan.

Auf einen Mangel an Nährstoffen reagieren die Pflanzen mit verzögertem Wachstum und typischen Blattverfärbungen.

Der richtige Zeitpunkt

Nur wenn eine Pflanze wächst und Blätter und Blüten bildet, braucht sie Nährstoffe für den Aufbau ihres Gewebes. Eine Düngung im späten Herbst und Winter schwächt die Pflanzen, da sie zu einem erneuten, unzeitgemäßen Austrieb angeregt werden. Außerdem sammelt sich überschüssiger Dünger entweder im Boden an und »versalzt« ihn, oder er wird früher oder später ins Grundwasser ausgewaschen, wo er zu den bekannten Nitratbelastungen des Trinkwassers führt.

Bei Stickstoff- und Phosphormangel wächst die Pflanze nur kümmerlich, und der Blüten- und Fruchtansatz ist spärlich.

Die richtige Menge

Bei der Grundbepflanzung (→ Seite 49–81) ist eine zurückhaltende Düngung wichtig, da ein langsamer Wuchs die typischen Merkmale einer Pflanzenart besser zur Geltung bringt und Sie weniger oft zurückschneiden müssen. Eine Grunddüngung mit organischem Dünger oder auch mineralischem Langzeitdünger im Frühjahr und unter Umständen im Sommer reicht aus.

Die Wechselbepflanzung (→ Seite 81–91) braucht dagegen eine optimale Nährstoffversorgung, wenn die Blühwilligkeit über einen längeren Zeitraum erhalten bleiben soll. Nach einer Grunddüngung bei der Pflanzung bietet sich als weitere Versorgung während der Vegetationszeit ein nach Vorschrift dosierter Flüssigdünger im Gießwasser an. Achten Sie aber darauf, der Dauerbepflanzung möglichst wenig von dem nährstoffreichen Gießwasser zukommen zu lassen.

Bei Kaliummangel werden die Blattränder braun, Magnesiummangel lässt die älteren Blätter vergilben, Eisenmangel die jüngeren.

Mineraldünger

Volldünger enthalten Stickstoff, Phosphor, Kalium und meistens auch Magnesium sowie bestimmte Spurenelemente. Langzeitdünger geben ihre Nährstoffe über einen längeren Zeitraum hinweg nach und nach ab. Flüssigdünger und so genannte Blaukorndünger dagegen sind sofort wirksam und sollten deshalb nur sparsam verwendet werden, da die Gefahr einer Überdüngung und einer Auswaschung ins Grundwasser groß ist. Außerdem sollten sie nur zusammen mit dem Gießwasser am Morgen aufgebracht werden, sonst kommt es bei den Pflanzen leicht zu Verbrennungen.

Organische Dünger

Organische Dünger gibt es aus verschiedenen Substanzen: Horn-, Blut- und Knochenmehl sind einzeln oder als Mischung erhältlich. Sie können zur Grunddüngung und auch zur sommerlichen Kopfdüngung eingesetzt werden. Horn und Blut enthalten vor allem viel Stickstoff; Knochen sind reich an Phosphor. Für eine Volldüngung sollte ihnen noch eine Kaliumquelle – z. B. Holzasche – zugesetzt werden. Da diese aber stark alkalisch reagiert, ist sie für Säure liebende Pflanzen nicht geeignet.

Guano ist getrockneter Seevogelkot und ebenso wie Tauben- oder Hühnermist sehr reich an Stickstoff und Phosphor, aber auch sehr ätzend. Er sollte deshalb nur sparsam und vorsichtig angewendet werden, damit zarte Pflänzchen keinen Schaden nehmen.

Tipps zur Unkrautbeseitigung

Während der ganzen Vegetationsperiode können sich unerwünschte Wildkräuter auf dem Grab ansiedeln. Eine dichte Bepflanzung und eine Mulchschicht verringern das Aufkommen jedoch deutlich. Ansonsten können Sie nur durch regelmäßiges Jäten (etwa alle vier bis sechs Wochen) das Problem in den Griff bekommen.

Kein Unkraut hält Jäten und Hacken auf Dauer aus.

Samenunkräuter

Frisch gekeimte Unkräuter werden am besten bei trockener Witterung mit einer Ziehhacke herausgezogen. Größer gewordene Unkräuter sollten Sie vor ihrer Samenreife hacken oder bei feuchtem Boden mitsamt der Wurzel herausziehen.

Wurzelunkräuter

Manche Unkrautarten wie der Löwenzahn bilden tiefe Pfahlwurzeln, die ganz entfernt werden müssen, damit die Pflanze nicht mehr austreiben kann.

Wurzelunkräuter wie Ackerwinde, Giersch oder Quecke sind noch wesentlich hartnäckiger, da sie dünne, unterirdische Ausläufer bilden, aus denen sie immer wieder austreiben können – sogar aus kleinsten Wurzelstücken. Bei

Pfahlwurzeln werden am besten mit einem speziellen Unkrautstecher (aus dem Fachhandel) herausgeholt.

ihnen hilft nur, »am Ball zu bleiben«: Schon bei der Neuanlage kann man die meisten entfernen und durch die Anlage eines Pflegestreifens das Ausbreiten auf das Grab er-
schweren (→ Seite 28–29).

Krankheiten und Schädlinge

Am richtigen Standort sind die Pflanzen am besten vor
Krankheiten geschützt. Da der Friedhof oft nicht dem natürlichen Umfeld der Pflanzen entspricht, kann es durchaus zu Schädlingsbefall kommen, wie z. B. mit Blatt- oder
Schildläusen und Spinnmilben (Rote Spinne). Auch Pilzkrankheiten können den Pflanzen schwer zusetzen.
Außerdem hat eine Vielzahl von wild lebenden Tieren auf
dem Friedhof eine neue Heimat gefunden. Krähen, Kaninchen und Eichhörnchen, aber auch verschiedene Arten
von Mäusen geben sich hier ein Stelldichein. Diese Tiere
können – neben den bei Gärtnern ungeliebten Schnecken
– auf einem Grabbeet Schäden verursachen.

Läuse, Milben und Raupen

Normalerweise halten bei richtiger Pflege der Pflanzen
Nützlinge die Schädlinge in Schach. Sollten sie trotzdem
einmal überhand nehmen, können Sie durchaus etwas
tun, auch wenn der Griff zur Giftspritze laut Friedhofsordnung (→ Seite 13) nicht erlaubt ist.

❁ Stark mit Läusen befallene Triebe können Sie mit einem scharfen Wasserstrahl abspritzen oder abschneiden
und vernichten. Wenn das nichts hilft, können Sie mit
Kräuterbrühen (z. B. Rainfarnbrühe oder Wurmfarnbrü-
he) oder Schmierseifenlösung (20 Gramm auf einen Liter
Wasser) spritzen.

❀ Größere Schädlinge, wie z. B. Raupen und Käfer, können leicht abgesammelt werden.

❀ Gegen Pilzkrankheiten hilft vor allem die regelmäßige Kontrolle der gefährdeten Pflanzen: Entfernen Sie befallene Teile frühzeitig.

❀ Gegen Virus- oder Bakterieninfektionen gibt es keine Mittel. Wenn die Infektion nur an der Blüte auftritt, wie z. B. bei bestimmten Kriechmispelarten (→ Seite 65), hilft ein regelmäßiger Rückschnitt der neuen Triebe.

Bei immer wiederkehrendem Befall ist der Austausch der erkrankten Pflanze gegen eine andere, weniger empfindliche und für den Standort passendere Art anzuraten. Auch bei hartnäckigen Pilzen sollten Sie überprüfen, ob diese Pflanze genug Luft und Sonne hat.

Wühlmäusen vorbeugen

Durch einige einfache Maßnahmen können Sie zumindest versuchen, Wühlmäuse von der Grabbepflanzung abzuhalten. Die Springwolfsmilch *(Euphorbia lathyris)*, auch Kreuzstock genannt, scheint ihnen nicht zu schmecken oder sogar regelrecht zu »stinken«. Die Pflanzen sind in jeder guten Gärtnerei erhältlich.

Auch Kaiserkrone *(Fritillaria imperialis)* als Dauerbepflanzung oder Jauchen aus Knoblauch oder Holunderblättern können die gierigen Nager vergrätzen.

Blumenzwiebeln und frisch gepflanzte Ziersträucher schützt man am besten mit engmaschigen Drahtkörben gegen Wühlmäuse.

Krähen

Vor allem während der kalten Jahreszeit versammeln sich Schwärme von Krähen auf den Friedhöfen. Vielen Leuten sind diese Vögel wegen ihrer Symbolik als Totentiere unheimlich. Außerdem richten sie bei ihrer Suche nach Futter auf dem Grabbeet teilweise erhebliche Schäden an. Deshalb sollten Sie die Vögel auf keinen Fall füttern – dadurch werden nur noch mehr davon angelockt.

Kaninchen, Eichhörnchen & Co.
Damit sie sich im Winter nicht an Ihrem Grabschmuck vergreifen, hilft eigentlich nur, auf bestimmte Pflanzenarten zu verzichten. Auch wenn Eichhörnchen schon manches Sternenmoos verspeist haben, halten sich die von ihnen verursachten Schäden meist in Grenzen.

Kaninchen können dagegen im Herbst vor allem Stiefmütterchen und Nelken erheblich zusetzen. Und da diese Tiere – ebenso wie Füchse – gerne unter Grabsteinen ihren Bau errichten, sollten Sie bei der Anlage des Grabes möglichst auf größere Liegeplatten verzichten.

Besonders nach einem warmen Winter fallen Schnecken über alle Korbblütler her, aber sie machen auch vor anderen Pflanzen, wie z. B. Stiefmütterchen, nicht halt. Da die Anwendung von Schneckenkorn verboten ist, bleibt Ihnen nur das Absammeln der Tiere.

Chrysantheme, Mittagsgold, Ringelblume und Zinie sind zwar beliebte Sommerblumen, werden aber sehr gern von Schnecken gefressen.

Friedhofsgärtnereien

Bei jedem Friedhof gibt es mehrere Gärtnereien, die eine Zulassung für Arbeiten auf dem Gelände besitzen. Neben einem reichhaltigen Angebot an Saisonpflanzen finden Sie hier auch dauerhafte Zwergbüsche und -bäumchen. Ziergestecke, Kränze und sonstiger Grabschmuck werden zu den jeweiligen Feier- und Gedenktagen angeboten. Das Fachpersonal berät Sie gerne bei der Auswahl der für Ihren Standort geeigneten Arten und gibt Pflegetipps.

Professionelle Hilfe

Neben diesen bei größeren Gärtnereien üblichen Angeboten helfen die Friedhofsgärtnereien auch bei allen anfallenden Arbeiten auf dem Grab. Beispielsweise:

❊ Die Beseitigung der Kränze und Gestecke nach der Beerdigung und die Vorbereitung des Grabhügels für die vorläufige Bepflanzung, eingeschlossen aller Bodenverbesserungsmaßnahmen

❊ Planung und Pflanzung der Rahmengehölze und Bodendecker nach Absprache

❊ Gießen und Düngen während des Urlaubs

Bevor Sie einen Auftrag vergeben, erkundigen Sie sich genauestens nach Preisen und Leistungen. Und machen Sie Ihre Wünsche klar. Flexible Friedhofsgärtner werden darauf eingehen, soweit es die Friedhofssatzung erlaubt.

Wenn Sie sich vor allem um die Saisonpflanzen kümmern wollen, überlassen Sie doch einfach die anderen Arbeiten der Friedhofsgärtnerei.

Die Angebotspalette der Friedhofsgärtnereien reicht von einer großen Auswahl an geeigneten Pflanzen über eine fachkundige Beratung bis zu Grabpflegearbeiten aller Art.

Geeignete Grabpflanzen

Für die Grabbepflanzung steht Ihnen ein großes Sortiment an Zwergbäumen und Sträuchern sowie an ein- und mehrjährigen Blumen zur Verfügung. Gräser und Stauden runden das Bild ab. Welche Arten geeignet sind, wie groß sie werden und wie viel Pflege sie brauchen, wird im folgenden Kapitel, getrennt nach Pflanzengruppen, ausführlich behandelt.

Die richtige Pflanzenauswahl

Bevor Sie sich für bestimmte Pflanzen entscheiden, sollten Sie überprüfen, ob die von Ihnen gewünschten Arten für die Gegebenheiten auf dem Friedhof geeignet sind. Denn nur standortgemäße Pflanzen werden Ihnen auf Dauer Freude machen und die Pflegearbeiten auf ein Minimum begrenzen. Bei der Auswahl der Pflanzen sollten Sie deshalb die folgenden Kriterien beachten.

Suchen Sie sich nur Pflanzen aus, die mit dem Klima und dem Standort des Grabes zurechtkommen.

Klima
Niederschläge, Tageslänge, Windverhältnisse, Frostdauer und als wesentliches Merkmal die Jahrestemperaturen machen das Gesamtklima eines großräumigen Standortes

aus. Deshalb können in klimatisch begünstigten Gebieten wie dem Rheingau oder der Pfalz durchaus empfindlichere Arten wie diverse Efeusorten, Kirschlorbeer und Stechpalmen gedeihen. In raueren Gegenden, wie z. B. in Bayern, haben solche Pflanzen mit den Standortbedingungen meistens Schwierigkeiten: Sie kommen schlecht über den Winter oder neigen, wegen der höheren durchschnittlichen Feuchtigkeit, verstärkt zu Pilzerkrankungen.

Standortverhältnisse

Für die Grabbepflanzung sind auch kleinklimatische Faktoren wie eine eventuelle Hang- oder Muldenlage sowie angrenzende Gewässer, Gehölze und Bauwerke wichtig. Staunässe, die gerne in Vertiefungen und verdichteten Böden vorkommt, vertragen die wenigsten Arten. In einer sonnenexponierten Hanglage, an der das Wasser schnell abläuft, kann es andererseits für die meisten Pflanzen leicht zu trocken werden. Im Schatten wiederum kümmern viele Arten wegen des Lichtmangels und bilden kaum Blüten.

Bei einer Hanglage ist eine flächendeckende Bepflanzung angeraten, da so die Erde besser gehalten wird.

Boden

Die verschiedenen Pflanzenarten haben unterschiedliche Ansprüche an den Boden. So brauchen z. B. Rhododendron (→ Seite 57), Azalee, Lavendelheide, Scheinbeere und andere Moorbeetpflanzen unbedingt sauren, kalkarmen Boden, um gesund gedeihen zu können. Auch die meisten Nadelgehölze (→ Seite 51–55) und Farne (→ Seite 80–81) sind als eher kalkfeindlich einzustufen. Die meisten Blumen bevorzugen hingegen Böden mit mindestens mittleren Kalkgehalten.

Vor der Bepflanzung sollte der pH-Wert des Bodens bestimmt werden (→ Seite 27–28).

Größe der Pflanzen

Der Flächenbedarf der einzelnen Arten ist vor allem bei Gehölzen ein wichtiges Auswahlkriterium. Großwüchsige Bäume und Sträucher würden in kurzer Zeit das Grabmal überragen oder, davor gepflanzt, die Inschrift verdecken. Doch auch schwachwüchsige Zwerggehölze werden mit den Jahren größer und breiter. Hier sollten Sie die Wuchserwartung der Pflanze im Hinblick auf die Platzverhältnisse des Grabes betrachten. Auf einem Doppelgrab haben auch ausladende Pflanzen Platz, auf ein Urnengrab hingegen passen eher zierliche Arten.

Stauden können ebenfalls recht groß werden und sollten daher nicht direkt vor dem Grabmal gepflanzt werden.

Achten Sie auf pflegeleichte Pflanzen

Neben der Wüchsigkeit, dem Wasserbedarf und der Dauer der Blütezeit spielt auch die Frosthärte eine Rolle dabei, wie viel Pflege eine Pflanze braucht. Pflegeleichte Arten werden im Frühjahr nicht durch Spätfröste geschädigt und können im Herbst lange auf dem Grab verbleiben, ohne eine Winterabdeckung zu brauchen.

Bodendecker und Gehölze Sie sollten immer schwachwüchsig sein, damit sie nur selten geschnitten werden müssen (→ Seite 50).

Achten Sie vor allem bei den mehrjährigen Pflanzen auf frostharte Sorten.

Stauden und Blumen Auch hier sind die schwachwüchsigen Arten pflegeleichter, da sie weniger häufig gegossen und gedüngt werden müssen. Wie viel Wasser sie brauchen, hängt auch vom Standort ab (→ Seite 37–38).

Saisonpflanzen Je länger Saisonpflanzen (→ Seite 81–91) auf dem Grab schön aussehen, desto seltener müssen Sie neue pflanzen. Achten Sie deshalb auf die Dauer der Blütezeit und darauf, ob die Pflanzen danach noch stehen gelassen werden können.

Die Grundbepflanzung

Eine Dauerbepflanzung mit mehrjährigen Arten hat viele Vorteile. Das Grabbeet erhält durch die Grundbepflanzung Gestalt. Die Gehölze entwickeln sich im Laufe der Jahre zu einem immer harmonischeren Gesamtbild, das sich mit den Jahreszeiten wandelt, ohne jemals an Attraktivität zu verlieren.

Auf Dauer angelegt

Das ganze Jahr über sorgen immergrüne Zwerggehölze und Bodendecker für dezente Farbigkeit. Aber auch Arten, die ihr Laub nach einer prächtigen Herbstfärbung verlieren, haben ihren eigenen Reiz und erinnern durch ihren vergänglichen Charakter an den ewigen Kreislauf von Leben und Tod.

Gehölze bereiten keinen nennenswerten Pflegeaufwand, wenn man von Anfang an konsequent die richtige Pflanzenauswahl getroffen hat. Zudem verringert eine stabile Dauerbepflanzung, die einen Großteil des Grabbeetes einnimmt, den Arbeits- und Kostenaufwand für die jahreszeitliche Wechselbepflanzung beträchtlich.

Bei Gräbern mit Liegesteinen sowie bei Urnen- oder Kindergräbern können Sie natürlich ganz auf eine Dauerbepflanzung verzichten oder dem Grabmal nur ein in Form geschnittenes Solitärgehölz zur Seite stellen.

Auch bei der Dauerbepflanzung können farbige Akzente gesetzt werden. Unterschiedliche Blattfarben und saisonal erscheinende Blüten und Früchte sorgen für Kontraste.

Ziersträucher und Zwergbäume

Zwerggehölze verleihen der Grabbepflanzung räumliche Struktur. Höher wachsende Gehölze passen vor allem gut zu aufrecht stehenden Grabsteinen. Für Liegesteine und Urnengräber eignen sich eher kriechend wachsende Koniferen oder stark gestutzte Buchsbäume.

Bei der Auswahl solcher Pflanzen sollten Sie Ihr Augenmerk unbedingt auf langsam wachsende Sorten richten. Allein bei den Eiben reicht das Spektrum von langsamwüchsigen Säulenformen bis hin zu breitbuschigen Wucherern. Den Jungpflanzen sieht man die spätere Wuchsform aber bestenfalls am Preis an. Schnellwüchsige Sorten sind billiger, aber für eine pflegeleichte Grabbepflanzung völlig ungeeignet.

Erkundigen Sie sich deshalb vor dem Kauf, wie groß und ausladend eine Pflanze mit den Jahren werden kann. Die meisten Sträucher und Bäume können Sie zwar durch Schnittmaßnahmen in ihrer Größe beeinflussen, doch bei einigen führt ein starker Rückschnitt zu unschönen, lichten Stellen.

Was man bei Zwerggehölzen beachten sollte

Da auch Zwergarten nicht aufhören zu wachsen, wird man sie unter Umständen nach fünf bis zehn Jahren wieder vom Grab entfernen müssen. Denn laut den meisten Friedhofsordnungen dürfen Pflanzen nicht über das Grabmal hinaus wachsen.

Für das Auspflanzen der zu groß gewordenen Gehölze ziehen Sie besser einen Fachmann heran, da Bäume oder Sträucher nicht nur einfach abgesägt werden sollten, sondern mitsamt dem Wurzelwerk entfernt werden müssen.

Sträucher und Bäume sollten im ausgewachsenen Zustand möglichst nicht höher als ein bis zwei Meter sein.

Diese Aktion hinterlässt meist ein großes Loch in der Erde, sodass gleichzeitig eine neue Gestaltung und Bepflanzung des Grabes ansteht.

Zeitpunkt Gehölze pflanzt man im Frühjahr oder Herbst, Koniferen und immergrüne Laubgehölze aber nicht zu spät im Jahr, damit sie bis zum Winter noch gut anwachsen können. Gehölze im Topf oder Container können auch im Sommer nach ihrem Austrieb – bis zu den ersten Frösten – gepflanzt werden.

Mit einer Handschaufel werden Sie bei größeren Gehölzen nicht sehr weit kommen. Hier empfiehlt sich eine Grabgabel oder eine größere Schaufel.

Pflanzung Damit nicht der erste Wind die frisch gesetzten Gehölze umwirft oder zumindest lockert, sollte die Pflanzung sorgfältig erfolgen:

❀ Vor dem Einsetzen stellt man die Pflanzen mit dem Ballen einige Stunden ins Wasser.

❀ Die Sohle der ausreichend großen Pflanzgrube lockert man tiefgründig mit einer Grabgabel und setzt das Gehölz nicht tiefer, als es in der Baumschule angezogen wurde.

❀ Drücken Sie die Erde um den Wurzelballen gut an. Der Baum oder Strauch kann nur zügig anwachsen, wenn er einen festen Stand hat.

Koniferen

Nadelgehölze bereichern das Grabbeet durch ihre unterschiedlichen Formen und durch ihren kompakten Wuchs. Da sie auch im Winter grün sind und keine hohen Standortansprüche haben, sind sie bei der Grabbepflanzung sehr beliebt. Durch eine geschickte Gruppierung mehrerer Nadelgehölze erreichen Sie in der kalten Jahreszeit interessante optische Effekte.

Kiefern sind besonders anspruchslos, doch sollte man unbedingt auf kleinwüchsige Sorten achten.

Sie können zwischen in die Breite und hoch wachsenden Koniferen wählen.

Im Sommer sind Koniferen dagegen eher unauffällig und geben einen ruhigen Hintergrund für das Blütenmeer der Stauden und Blumen ab. Sie passen auch gut zu immergrünen Laubgehölzen, doch vertragen sie sich optisch schlecht mit Laub abwerfenden Sträuchern oder Bäumen. Denn Koniferen werden an den Berührungspunkten mit anderen Gehölzen oft kahl, und diese unschönen »Löcher« werden dann im Winter sichtbar.

Die vor allem in die Breite wachsende Kisseneibe gedeiht sowohl im Schatten als auch in der Sonne.

Auswahl Beim Kauf sollten Sie auf Zwerggehölze achten, die kaum mehr als einen Meter hoch werden. Sie haben die Wahl zwischen verschiedenen Farben und Formen. Es gibt Arten mit schwarzgrünen, blauen oder eher hellgrünen Nadeln. Für eine Gruppenpflanzung eignen sich Säulenformen (z. B. Thuja, Wacholder), die man gut mit Pyramidenformen (Fichte, Tanne) kombinieren kann. Breit wachsende Arten, wie einige Scheinzypressen, wirken besser, wenn sie alleine stehen.

Koniferen (nach Standort)

Pflanzenname (deutsch)	Pflanzenname (botanisch, 'Sorte')	Nadelfarbe	Standort	Wuchshöhe in m
Säulenwacholder	Juniperus communis	Sattgrün	Sonnig	Bis 3
Zwergkiefer	Pinus-mugo-Sorten	Dunkelgrün	Sonnig	0,5
Blaue Kegel-zypresse	Chamaecyparis lawso-niana 'Ellwoodii'	Blaugrün	Sonnig – halbschattig	Bis 2
Haarzypresse	Chamaecyparis pisifera 'Filifera Nana'	Goldgelb	Sonnig – halbschattig	1,5
Igelfichte	Picea abies 'Echiniformis'	Dunkelgrün	Sonnig – halbschattig	0,5
Kissenfichte	Picea glauca 'Echiniformis'	Blaugrün	Sonnig – halbschattig	0,5
Kissenzypresse	Chamaecyparis lawso-niana 'Minima Glauca'	Dunkelgrün	Sonnig – halbschattig	1
Muschelzypresse	Chamaecyparis obtusa 'Nana Gracilis'	Dunkelgrün	Sonnig – halbschattig	1,5
Nestfichte	Picea abies 'Little Gem'	Dunkelgrün	Sonnig – halbschattig	0,4
Wacholder	Juniperus chinensis	Sattgrün	Sonnig – halbschattig	1,5
Zuckerhutfichte	Picea glauca conica	Blaugrün	Sonnig – halbschattig	Bis 1,5
Zwerg-Balsam-tanne	Abies balsamea 'Nana'	Schwarzgrün	Sonnig – halbschattig	Bis 1
Zwerg-Lebensbaum	Thuja-occidentalis-Sorten	Hellgrün	Sonnig – halbschattig	0,5–2
Kronen-Eibe	Taxus baccata 'Repandens'	Schwarzgrün	Sonnig – schattig	0,6
Säulen-Eibe	Taxus baccata 'Fastigiata Robusta'	Schwarzgrün	Sonnig – schattig	Bis 2

Extravagante neue Koniferenzüchtungen sollten Sie lieber meiden, da sie oft eine besonders aufwändige Pflege benötigen.

Pflege Düngen Sie zurückhaltend, aber reich an Magnesium. Im Handel ist ein spezieller Koniferendünger erhältlich. Beachten Sie bei der Dosierung unbedingt die Herstellerangaben, denn zuviel Dünger schadet der Pflanze. Der beste Zeitpunkt für die Nährstoffgabe ist der Frühling. Mischen Sie dabei gleichzeitig Kompost (→ Seite 24) unter die Erde.
Damit die Pflanzen nicht vertrocknen, sollten sie auch im Winter an frostfreien Tagen gelegentlich gegossen werden. Eine Mulchschicht aus Rindenhumus oder – bei Säure liebenden Arten – aus Rindenhäcksel (→ Seite 26) hilft, die Feuchtigkeit im Boden zu halten.

Schnitt Von den Nadelgehölzen können nur Eiben, Scheinzypressen und Thujen stark verjüngt werden.

- Säulenformen, die auch beim Wacholder vorkommen, bauen sich aus zwei oder mehreren gleichberechtigten Trieben auf und brechen unter Schneelast oft auseinander. Deshalb ist es sinnvoll, Nebentriebe so einzukürzen, dass sie anschließend nur noch als untergeordnete Seitentriebe fungieren.
- Bei Fichten, Kiefern und Tannen dürfen Sie nur die Jungtriebe bis zur Verzweigung einkürzen. Aus schon verholzten Ästen ist kein Austrieb mehr möglich, sodass hässliche kahle Stellen entstehen würden. Mit einem regelmäßigen Schnitt können Sie aber auch diese Arten relativ klein halten.
- Bei Koniferen mit schuppenartigen Blättern wie Thujen oder Scheinzypressen werden regelmäßig die Jungtriebe leicht eingekürzt. So bleiben sie dicht und behalten ihre Form.

Die blaue Kegelzypresse bildet schöne Säulen und ist sehr robust.

Die Zuckerhutfichte

Diese Konifere wächst sehr langsam und kompakt. Die Zuckerhutfichte erreicht nur eine Höhe von einem bis anderthalb Me-
tern und bildet eine Kegelform, die ohne Schnitt beibehalten
wird. Auch in kleinen Gruppen oder im Mix mit anderen Zwergko-
niferen macht sie sich gut. Schöne Kombinationen lassen sich mit
Boden deckenden Gräsern und Stauden erzielen.

Laubsträucher und -bäume

Auch unter den Laub tragenden Gehölzen gibt es schwach
wachsende Bäume und Sträucher. Besonders gut zurückschneiden können Sie z. B. immergrüne Arten wie Lor-
beerrose, Lavendelheide und Kirschlorbeer. Ein Fried-
hofsklassiker unter den Zwerggehölzen ist der Buchs-
baum, der auch als Formpflanze und Gestaltungselement
in Bauerngärten und Parks zu finden ist. Auch die immergrünen Arten der Berberitze können Sie in Form einer Ku-
gel, Säule oder Pyramide trimmen.

Laubbäume und Sträucher gedeihen meist nur an sonnigen bis halbschattigen Plätzen. Die Bodenansprüche sind je nach Art sehr verschieden.

Auswahl Immergrüne Blütengehölze setzen sowohl im
Frühjahr als auch im Winter interessante Akzente. Besonders schmückend sind kleinwüchsige Rhododendren und
Azaleen, Mahonie oder die Beeren tragende Skimmie.
Laub abwerfend, aber ebenfalls sehr hübsche Blüten bil-
dend, sind Fingerstrauch und Ginster. Bei Ahorn und Birke besticht vor allem das wunderschöne Laub und die lichte Wuchsform. Die oft beeindruckende Herbstfärbung
tröstet über den etwas kargen Anblick im Winter hinweg.

Pflege Im Herbst oder spätestens im zeitigen Frühjahr
sollten Sie das abgefallene Laub entfernen. Sie können

Sowohl Polster-
Berberitze als
auch Buchs können
Sie für niedrige
Einfassungen von
größeren Grab-
stätten verwenden.

diese etwas lästige Aufgabe auch an den Friedhofsgärtner vergeben. Gedüngt wird am besten im zeitigen Frühjahr mit langsam wirkenden, organischen Volldüngern
oder reichlich Kompost. Eine Mulchschicht um die Gehölze herum hält den Boden gleichmäßig feucht.

Eine Buchsbaumhecke rahmt die mit Rosen und Efeu bepflanzte Grabstätte ein.

Schnitt Um das Wachstum der Laubgehölze zu bremsen,
werden die zu dicht stehenden Äste entfernt, die Frostschäden ausgeschnitten und alle Langtriebe knapp über
einem Auge eingekürzt. Zum Verjüngen eines Strauches
schneiden Sie die ältesten Triebe möglichst dicht über dem
Boden heraus, oder kürzen Sie sie einfach auf die ge-
wünschte Länge ein. Der richtige Zeitpunkt dafür ist bei
Sommerblühern im zeitigen Frühjahr, wenn keine stärkeren Fröste mehr zu erwarten sind, und bei Frühjahrsblühern nach der Blüte.

Salbei, Lavendel
und Thymian sind
Zwergsträucher
und betören durch
ihren Duft. An ei-
nem sonnigen und
trockenen Stand-
ort blühen sie den
ganzen Sommer.

Rhododendren

Rhododendren sind Heidekrautgewächse *(Ericaceae)* und stammen überwiegend aus feuchten, gebirgigen Gegenden in Asien, Europa und Amerika. Die kleinblättrigen Azaleen, die lange Zeit als eigene Gattung galten, werden heute zu den immergrünen, großblättrigen Rhododendren gerechnet. Sie passen gut zu anderen Moorbeetpflanzen wie Erika, Haselwurz und Lavendelheide.

Diese Waldpflanzen werden gewöhnlich auf einem stark sauren Torfsubstrat (»Rhododendrenerde«) kultiviert. Ein hoher Kalkgehalt und damit ein hoher pH-Wert führen bei ihnen leicht zu Mangelerscheinungen. Die Verwendung von speziellen, sauer reagierenden Düngern sowie eine ständige Mulchschicht mit sauren Materialien wie Rinde oder Holzhäcksel sind deshalb besonders wichtig.

Rhododendrondünger reagiert sauer und eignet sich für alle Moorbeetpflanzen.

Zu groß gewordene Rhododendren kann man radikal zurückschneiden, sie treiben auch aus vier- bis fünfjährigem Holz wieder aus.

Rhododendron setzt im Frühjahr farbige Akzente.

Laubgehölze (nach Standort)

Pflanzenname (deutsch)	Pflanzenname (botanisch, 'Sorte')	Blüten und Blätter	Standort	Form	Wuchshöhe in m
Clematis	Clematis-Arten	Diverse Blütenfarben	Sonnig	Rankpflanze	3–10
Fingerstrauch	Potentilla-fruticosa-Hybride	Gelbe Blüten	Sonnig	Strauch	Bis 1
Kriech-Ginster	Cytisus beanii	Gelbe Blüten	Sonnig	Strauch	0,8
Lavendel	Lavendula angustifolia 'Hidcote Blue'	Violette Blüten; silbergraues Laub	Sonnig	Strauch	0,4–0,5
Rosen-Ginster	Cytisus purpureus	Gelbe Blüten	Sonnig	Strauch	0,8
Thymian	Thymus serpyllum	Weiße, rosa, rote Blüten; kleine, grüne Blätter	Sonnig	Strauch	5–10 cm
Berg-Ilex	Ilex crenata	Kleine grüne Blätter, auch buntlaubig	Sonnig – halbschattig	Strauch	Bis 2
Buchs	Buxus sempervirens	Eiförmige Blätter	Sonnig – halbschattig	Strauch	Bis 3
Fächerahorn	Acer palmatum 'Dissectum'	Rote Blüten; gelbes, rotes oder grünes Laub, schöne Herbstfärbung	Sonnig – halbschattig	Baum	2
Geißblatt	Lonicera-Arten	Weiße, gelbe oder rote Blüten	Sonnig – halbschattig	Rankpflanze	3–5
Japanische Azalee	Azalea japonica	Diverse Blütenfarben	Sonnig – halbschattig	Strauch	0,5–1,5
Polster-Berberitze	Berberis buxifolia 'Nana'	Gelbe Blüten; rote Beeren	Sonnig – halbschattig	Strauch	0,5–2
Rhododendron	Rhododendron-yaku-shimanum-Sorten	Rote, rosa oder weiße Blüten	Sonnig – halbschattig	Strauch	0,6–1,2
Sommersalbei	Salvia nemorosa 'Mainacht'	Blaue bis violette Blüten; graugrünes Laub	Sonnig – halbschattig	Strauch	Bis 0,8
Spierstrauch	Spiraea arguta u. a.	Weiße oder rosa Blüten; goldgelbes Laub	Sonnig – halbschattig	Strauch	0,8–2

Laubgehölze (nach Standort) – Fortsetzung

Pflanzenname (deutsch)	Pflanzenname (botanisch, 'Sorte')	Blüten und Blätter	Standort	Form	Wuchshöhe in m
Zwergbirke	Betula nana	Gelbe Blüten; kleine, grün-weiße Blätter	Sonnig – halbschattig	Baum	Bis 1
Japanischer Goldahorn	Acer japonicum 'Aureum'	Goldgelbes, später grünes Laub	Halbschattig – schattig	Baum	1,2
Lavendelheide	Pieris floribunda und japonica	Weiße Blüten	Halbschattig – schattig	Strauch	Bis 2
Mahonie	Mahonia aquifolium	Gelbe Blütentrauben; dornig gezähnte, dunkelgrüne Blätter	Halbschattig – schattig	Strauch	1
Seidelbast	Daphne mezereum- und odora-Sorten	Rote Blüten; einige Sorten zweifarbiges Laub	Halbschattig – schattig	Strauch	Bis 1,5
Skimmie	Skimmia japonica	Glänzendgrüne, lederartige sattgrüne Blätter; im Herbst rote Früchte	Halbschattig – schattig	Strauch	1

Rosen

Als Symbolpflanze der Liebe bietet sich diese Königin der Blütensträucher auch für eine Grabbepflanzung an. Doch ihre Ansprüche an Boden und Pflege sind hoch. Wenn Sie trotzdem nicht auf eine Rose verzichten wollen, müssen Sie dieser Blume auf jeden Fall reichlich Platz lassen. Als Begleitarten eignen sich Lavendel und Salbei, und als Unterwuchs können Sie z. B. Vergissmeinnicht, Katzenminze und niedrig wachsende Ziergräser einsäen.

Rosen wurden sowohl bei den Griechen und Römern als auch bei den Germanen als Totenblumen auf das Grab gepflanzt.

Auswahl Unkompliziert sind dauerblühende Beetrosen, die nicht zu groß werden (Floribunda, Polyantha und Teehybriden), und Zwergrosen. Auch wenn sie gerne verwendet werden, sind wüchsige Kleinstrauchrosen sowie Hochstamm- und Trauerrosen auf Dauer weniger geeignet, da sie sehr anspruchsvoll und pflegebedürftig sind.

Wenn Sie auf der Blattober- oder Blattunterseite der Rose Anzeichen für einen Pilzbefall sehen, entfernen Sie frühzeitig alle befallenen Blüten und Triebe.

Standort Rosen sind relativ kalkempfindlich und brauchen einen geschützten, sonnigen und luftigen Standort – sonst ist die Gefahr von Mehltau und Knospenfäule groß. Eine organische Düngung im Frühjahr und eine feuchtigkeitserhaltende Mulchschicht sorgen für zügiges Wachstum und üppigen Blütenansatz. Wenn die Blühwilligkeit nach ein paar Jahren nachlässt, sollten Sie keine anderen Rosen am selben Standort setzen, es sei denn, Sie tauschen den Boden bis zur Wurzelsohle aus.

Wählen Sie nur Rosensorten aus, die nicht zu groß werden.

Pflanzung Achten Sie beim Einpflanzen im Frühjahr oder Herbst darauf, dass die Veredelungsstelle etwa fünf Zentimeter unter der Bodenoberfläche liegt, und gießen Sie die Pflanze gut an.

Gebrochene oder gequetschte Wurzeln sollten Sie vor dem Einpflanzen mit einem scharfen Messer entfernen, denn über solche Verletzungen können leicht Krankheitserreger eindringen.

Damit die Rose luftig steht, können Sie sie einfach in einen separaten Topf pflanzen.

Rosen für das Grab

Pflanzenname (deutsch)	Pflanzenname ('Sorte')	Blüten	Höhe/Breite in cm	Sonstiges
Beetrose	'The Fairy'	Hellrosa gefüllte Blüten in großen Büscheln, dicht, überhängend	60/60	Robust, dauerblühend bis zum Herbst
Beetrose	'Sommerwind'	Leuchtend rosa, halb gefüllte Blüten in lockeren Dolden, buschig verzweigt	60/60	Robust, dauerblühend bis zum Herbst
Beetrose	'Margaret Merril'	Perlweiße, mit rosa Hauch gefüllte Blüten in großen Büscheln, aufrecht, buschig	60/40	Öfter blühend, starker Duft
Beetrose	'Amber Queen'	Gelb gefüllte Blüten, aufrecht, buschig	50/50	Robust, öfter blühend, starker Duft
Beetrose	'Duftwolke'	Korallenrot gefüllte Blüten in kleinen Büscheln, aufrecht, buschig	60/60	Robust, öfter blühend, sehr starker Duft
Zwergrose	'White Dream'	Weiße Blüten	20/40	Kleine Blüten
Zwergrose	'Sonnenkind'	Gelbe Blüten	20/40	Kleine Blüten
Zwergrose	'Daniela'	Rosa Blüten	20/40	Kleine Blüten

Sammeln Sie alle abgefallenen Rosenblätter auf, da viele Krankheitserreger auf dem abgestorbenen Laub überwintern können und im Frühjahr die Pflanze unter Umständen erneut infizieren.

Schnitt Damit Beetrosen viele Blüten bilden und gesund und kräftig wachsen, werden die gesunden Triebe kurz vor dem Austrieb (April) gut einen halben Zentimeter über einem Auge zurückgeschnitten. Je nach Wüchsigkeit der Sorten lässt man vier bis acht Augen stehen. Gleichzeitig werden aus dem Wurzelstock entspringende Wildtriebe, nach innen wachsende Zweige sowie alle vertrockneten, schwachen oder überalterten Triebe entfernt. Die Blütenstände sollten nach dem Abblühen über dem letzten oder vorletzten Auge abgeschnitten werden, um die Blütezeit zu verlängern und die Bildung von Fruchtständen zu unterdrücken. Im Herbst kürzt man bei den Beetrosen das obere Drittel grob ein; der Feinschnitt erfolgt erst im Frühjahr. Bei Kletterrosen werden nur die alten, abgestorbenen Äste herausgeschnitten.

Tipp

Winterschutz für Rosen

Rosen kommen mit einem Winterschutz besser über die kalte Jahreszeit. Kurz vor den ersten strengen Frösten sollten Sie Beetrosen und Zwergrosen nach dem Rückschnitt mit Erde und Kompost locker anhäufeln und mit Fichtenzweigen abdecken oder mit einer Strohmatte, Fichtenreisig oder Faservlies umwickeln.

Boden deckende Gehölzarten

Wenn ein Grab pflegeleicht sein soll, werden Sie kaum auf Bodendecker verzichten können. Ob als Einfassung, Teil- oder Ganzabdeckung – sie sorgen das ganze Jahr über für eine geschlossene Pflanzdecke und unterdrücken gleichzeitig das Aufkommen von Unkraut.

Nach dem Anpflanzen müssen Sie nur auf eine ausreichende Bewässerung und Düngung (→ Seite 37–41) achten.

Damit die Bodendecker in Form bleiben, sollten Sie regelmäßig schneiden. Bei der richtigen Auswahl können die Gehölze mindestens sieben bis zehn Jahre auf dem Grab bleiben.

Empfehlenswerte Gehölzarten
Die Gärtnereien bieten ein großes Spektrum an Boden deckenden Gehölzarten an. Für die Bepflanzung von Grabbeeten eignen sich besonders flach wachsende, immergrüne Arten. Da gibt es Rank- und Kletterpflanzen, wie den Efeu *(Hedera helix),* oder Sträucher, wie z. B. die häufig verwendete Zwerg- oder Kriechmispel *(Cotoneaster dammeri).* Rankend sind auch die Geißblattgewächse *(Lonicera)* mit ihren hübschen, teilweise betörend duftenden Blüten. Bei der relativ neuen Sorte 'Tibet' nehmen die Blätter im Winter eine leichte Rotfärbung an. Diese robuste Sorte ist aber so wüchsig, dass sie bis zu dreimal im Jahr zurückgeschnitten werden sollte.
Auch Hartriegel *(Cornus canadensis)* und Scheinbeere *(Gaultheria procumbens)* sind mit ihren weißen Blüten im Sommer und mit ihren roten Früchten im Herbst und Winter sehr schmückend, sie haben aber hohe Ansprüche an Standort und Boden und müssen im Sommer regelmäßig gegossen werden.

Schnittmaßnahmen für das Rahmengrün
Schon durch die Auswahl schwach wachsender Gehölze können Sie die notwendigen Schnittmaßnahmen minimieren. Trotzdem gehört der regelmäßige Schnitt des Rahmengrüns zu den immer wiederkehrenden Pflegearbeiten auf der Grabstätte.

Nur ein regelmäßiger Schnitt sorgt dafür, dass die Bodendecker nicht zu hoch werden und einen dichten Teppich bilden.

Einige besonders robuste und pflegeleichte, den Boden deckende Gehölzarten werden auf den nächsten Seiten vorgestellt.

Links oben: Chinesische Zwergmispel; rechts oben: Schneeheide; links unten: blühender Efeu; rechts unten: Dickblättrige Fetthenne.

Die robuste
Heckenkirsche
ist besonders
wüchsig und
sollte deshalb
regelmäßig zu-
rückgeschnitten
werden.

Wenn im Frühjahr keine stärkeren Fröste mehr zu erwarten sind, sollten Sie Frostschäden ausschneiden und eventuell die Triebe einkürzen und auslichten. Achten Sie darauf, dass die Pflanzen »in Form« bleiben.

Winterschutz für immergrünes Gehölz

Wenn sich immergrüne Gehölze im Winter braun färben
und absterben, liegt das nicht unbedingt an einer ungenü-
genden Winterhärte. Ursache dafür ist vielmehr meist das
Vertrocknen der Pflanzen. Denn bei anhaltender Kälte gefrieren Boden und Wurzelballen, sodass die Wurzeln kein
Wasser mehr aufnehmen können. Scheint gleichzeitig die

Sonne oder weht ein kräftiger Wind, dann verdunstet über die Blätter zusätzlich viel Wasser, was zur gänzlichen Austrocknung führen kann. Einen guten Schutz gegen das Vertrocknen der Pflanzen bieten schattige, windstille Standorte und eine zeitweilige Bodenabdeckung mit Fichtenzweigen. Mit standortgerechten, robusten Pflanzen haben Sie diese Probleme normalerweise aber nicht.

Weniger robuste Arten, wie z. B. die Scheinbeere, kommen mit einer Winterabdeckung besser ins nächste Jahr.

Kriechmispel (Cotoneaster)

Diese zu den Mispeln gehörende Rankpflanze eignet sich besonders gut als Bodendecker für die Grabbepflanzung, da sie durch ihren kriechenden Wuchs schnell eine Fläche überwuchert. Ihre verschiedenen Zierformen werden deshalb auch von den Friedhofsgärtnern gern verwendet. Die Blätter sind eher klein und wachsen sehr dicht. Die verschiedenen Varianten von *Cotoneaster dammeri* sind besonders robust, wobei die Sorten 'Skogsholmen' oder 'Coral Beauty' wegen ihres starken Wuchses für eine Grabbepflanzung weniger geeignet sind – sie müssten zu oft zurückgeschnitten werden. Ebenso wie die als Solitärgehölz verwendete *Cotoneaster salicifolius* sind sie außerdem anfällig für Feuerbrand, der aber nur bei Blütenbildung (→ Seite 43) auftritt. Durch einen regelmäßigen Schnitt kann diese bakterielle Infektion vermieden werden.

Wenn man sie nicht zu stark zurückschneidet, bildet die Kriechmispel im Juni weiße Blüten und im Herbst rote Beeren.

Standort Die Kriechmispel braucht mehrere Stunden Sonne am Tag und liebt einen lockeren Boden. Staunässe wird sehr schlecht vertragen.

Pflege Je nach Wüchsigkeit sollten die einzelnen Sorten ein- bis viermal pro Jahr zurückgeschnitten werden.

Wacholder (Juniperus)

Die meisten im Garten verwendeten Zierformen stammen vom Gemeinen Wacholder *(Juniperus communis)* ab. Die Blattform ist nadelförmig. Als Bodendecker eignen sich nur Sorten mit kriechendem Wuchs – es gibt aber auch säulenförmig wachsende, die als Solitärpflanzen (allein, nicht in Gruppen stehende Pflanzen) am besten zur Geltung kommen. Als Begleitpflanzen bieten sich Heidekrautgewächse wie Erika, Lavendel und Besenheide an.

In die Höhe wachsende Wacholderformen finden Sie auf Seite 53 bei den Koniferen.

Standort Wacholder ist winterhart und sehr standorttolerant, das heißt, er gedeiht sowohl auf sauren als auch auf eher kalkigen Böden an einem sonnigen bis halbschattigen Platz ohne Probleme.

Pflege Um den buschigen Wuchs zu erhalten, ist es wichtig, die Triebe in regelmäßigen Abständen zurückzuschneiden, sonst kommt es leicht zur Verkahlung.

Besen- und Winterheide

(Calluna vulgaris *und* Erika herbacea)

Als Bodendecker bieten sich vor allem niedrig wachsende Sorten der beiden Arten an. Interessant ist daneben die Mischung von verschiedenfarbigen Heiden mit unterschiedlichen Blühzeiten. Bei guter Planung können Sie sich von Juli bis November an den bunten Blüten freuen, bei der Winterheide sogar in der kalten Jahreszeit. Die Besenheide eignet sich auch gut für eine Herbstbepflanzung, da die Knospen winterlichen Temperaturen standhalten. Diese Heidekräuter vertragen sich besonders mit Arten aus demselben Lebensraum wie Kiefer, Birke und Wacholder.

Die Blütezeit der Winterheide liegt, abhängig von der Sorte, in den Monaten Januar bis April.

Standort Sehr wichtig sind ein sonniger Standort und ein durchlässiger, leicht saurer Boden, den Sie bei Bedarf durch Beimischung von Sand auflockern können. Die Winterheide ist gegenüber den Bodenverhältnissen etwas toleranter als die Besenheide.

Auch die Scheinbeere und der Hartriegel bevorzugen einen sauren und eher feuchten Boden.

Pflege Nach dem Abblühen sollten die Triebe eingekürzt werden. Außerdem ist ein kräftiger Rückschnitt im zeitigen Frühjahr wichtig, damit die Pflanzen wieder dicht austreiben, ohne im unteren Teil zu verkahlen. In strengen Wintern brauchen sie einen Winterschutz.

Bodendecker für sonnige Standorte

Pflanzenname (deutsch)	Pflanzenname (botanisch, 'Sorte')	Blüten und Blätter	Höhe in cm	Schnitt pro Jahr	Stück pro qm
Bärentraube	Arctostaphylos	Weiße Blüten; rote Früchte; dunkelgrünes Laub	Bis 20	1–2	5–10
Besenheide, Sommerheide	Calluna-vulgaris-Hybride	Weiße, rosa, rote und violette Blüten	Bis 60	1	20
Wacholder	Juniperus communis 'Green Carpet'	Goldgrüne Nadeln	30	2–3	5–10
Wacholder	Juniperus communis 'Repanda'	Dunkle, graugrüne Nadeln mit silbrigen Mittelstreifen	30	2–3	5–10
Wacholder	Juniperus squamata 'Blue Carpet'	Blaugrüne Nadeln	30	2–3	5–10
Zwergmispel	Cotoneaster dammeri 'Streibs Findling'	8–15 mm große, graugrüne Blättchen	10	1	30

Bodendecker für sonnig-halbschattige Standorte

Pflanzenname (deutsch)	Pflanzenname (botanisch, 'Sorte')	Blüten und Blätter	Höhe in cm	Schnitt pro Jahr	Stück pro qm
Hartriegel	*Cornus canadensis*	Weiße Blüten; rote Früchte; sattgrünes Laub	Bis 30	1–2	10–20
Kissenmispel	*Cotoneaster dammeri* 'Evergreen'	16–30 mm große, dunkelgrüne Blätter	15	1–2	20
Kriechender Wacholder	*Juniperus horizontalis* 'Glauca'	Blaugrüne Nadeln	30	2–3	5–10
Kriechmispel	*Cotoneaster dammeri* 'Eichholz'	Verschiedene Blattfarben	30	3–4	20
Kriechmispel	*Cotoneaster dammeri var. radicans*	Verschiedene Blattfarben	30	2–3	20
Kriechspindel	*Euonymus fortunei var. radicans*	Gelbgrüne Doldenblüten; verschiedene Blattfarben	40	2–3	30
Scheinbeere	*Gaultheria procumbens*	Weiße Blüten; dunkelgrüne, im Winter rötliche Blätter	25	1–2	25
Winterheide	*Erika-herbacea-Hybriden*	Weiße und rosa Blüten	Bis 10	1–2	25

Kriechspindel (Euonymus)

Die Kriechspindel ist auch als Kleinblättriges Pfaffenhütchen bekannt. Von den Spindelstrauchgewächsen eignen sich vor allem die Ziersorten von *Euonymus fortunei* als Bodendecker. Ihr filigranes, oft buntes Laub überzieht relativ schnell das Beet, und einige Varietäten klettern auch, sofern man sie lässt, den Grabstein hoch. Der Deckungsgrad ist allerdings nicht so hoch wie bei der Kriechmispel, weshalb die Gefahr besteht, dass Unkräuter hindurchkommen.

Bei Frösten leiden die buntblättrigen Varianten stärker als ihre grünbelaubten Artgenossen – die Pflanzen regenerieren sich aber in der Regel schnell wieder. Achten Sie darauf, dass die Farbe der Blätter zur übrigen Bepflanzung passt. Ältere Gewächse bilden an sonnigen Standorten gelbgrüne Doldenblüten und Früchte aus.

Der nahe verwandte Japanische Spindelstrauch *(Euonymus japonica)* eignet sich kaum als Grabbepflanzung, da er in raueren Gegenden nur bedingt winterhart ist.

Standort Auf einem lockeren, durchlässigen Boden wachsen Kriechspindeln auch im lichten Schatten, bunte Sorten neigen dann aber zum Vergrünen. Einen trockenen Standort vertragen sie hingegen schlecht.

Pflege Je nach Sorte sollten sie bis zu dreimal im Jahr geschnitten werden. Damit der Boden nie völlig austrocknet, ist regelmäßiges Gießen, vor allem während sommerlicher Hitzeperioden, bei allen *Euonymus*-Arten besonders wichtig.

Dickmännchen (Pachysander)

Diese besonders gut deckende Pflanze ist für eher schattige Gräber unter Laubbäumen oder auf einem Waldfriedhof ideal. Die frischgrünen, lederartigen Blätter sitzen sehr nah zusammen und bilden einen dichten Teppich. Eventuelle Lücken werden im Frühjahr durch Ausläufer schnell geschlossen.

Viele Bodendecker sind eigentlich Halbsträucher und können auch als Rahmengehölze gehalten werden.

Dickmännchen und Immergrün vertragen schattige Standorte, wogegen Kriechmispelarten im Schatten kümmern.

Standort Ob im Halbschatten oder auch im tiefen Schatten unter Bäumen, Dickmännchen wachsen sogar noch auf stark durchwurzelten Böden gut.

Pflege Ein einmaliger Schnitt vor dem Austrieb im Frühjahr reicht aus, um einen dichten Wuchs zu fördern. Beim Gießen gilt hier besonders: lieber selten und kräftig als häufig und wenig. Der Pflanze schadet eine gelegentliche Trockenheit nicht.

Efeu (Hedera helix)

An vielen schattigen Orten findet man Efeu. Es gibt empfindliche Sorten mit panaschiertem, das heißt verschiedenfarbig gemustertem Laub. Robuster sind dagegen die dunkelgrünen Sorten. Als Symbolpflanze für Treue, Freundschaft und das ewige Leben wird Efeu auch auf vielen Gräbern gepflanzt. Doch leider ist er als Bodendecker nicht gerade ideal. Durch harte Winter können einzelne Sorten dieser Rankpflanze nachhaltig geschädigt werden. Außerdem treten häufig Pilzkrankheiten und Bakteriosen auf. Durch die Wahl von widerstandsfähigen Sorten (fragen Sie Ihren Gärtner) und bei einem optimalen Standort lassen sich diese Gefahren aber minimieren.

Sehr romantisch wirkt eine Berankung des Grabmals mit Kletterpflanzen wie Efeu, Kriechspindel, Clematis und Geißblatt.

Standort Das natürliche Verbreitungsgebiet sind Buchen-, Eichen-, Misch- und Auwälder. Die Pflanzen wachsen sowohl im Licht als auch im Schatten auf einem durchlässigen Boden mit einen pH-Wert zwischen sechs und acht. Doch sind schattige Plätze unter Laubbäumen, die im Winter ihre Blätter verlieren, ungünstig. Bei saureren Böden ist die Gefahr von Bakteriosen und Pilzkrankheiten hoch.

Pflanzung Efeu sollte möglichst nicht im Herbst gepflanzt werden. Bei länger anhaltenden Kahlfrösten vertrocknen die Pflanzen sonst schnell, da sie noch keine tiefer gehenden Wurzeln gebildet haben, um sich aus nicht gefrorenen Bodenschichten mit Wasser versorgen zu können. Eine leichte Abdeckung mit Fichtenzweigen lässt den Boden nicht so schnell gefrieren.

Achten Sie auf gesunde Pflanzen. Hell- bis dunkelbraune Flecken auf den Blättern zeigen die durch Pilze verursachte Blattfleckenkrankheit an.

Eine zu dichte Bepflanzung begünstigt Pilzkrankheiten.

Die Blattform des Efeus ist je nach Sorte unterschiedlich und verändert sich mit dem Alter.

Bodendecker für halbschattig-schattige Standorte

Pflanzenname (deutsch)	Pflanzenname (botanisch, 'Sorte')	Blüten und Blätter	Höhe in cm	Schnitt pro Jahr	Stück pro qm
Dickmännchen	*Pachysandra terminalis* 'Green Carpet'	Weiße Blütenähren; frischgrüne, kleine, lederartige Blätter	20	1	25
Dickmännchen	*Pachysandra terminalis* 'Compacta'	Weiße Blütenähren; frischgrüne, lederartige Blätter	20	1	25
Efeu	*Hedera helix*	Grüne oder panaschierte Blätter	10–30	1–2	20–30
Immergrün	*Vinca minor*	Blaue Blüten; glänzend dunkelgrüne, kleine Blätter	15–20	1–2	20
Immergrüne Heckenkirsche	*Lonicera pileata* und *nitida* 'Tibet'	Sattgrüne Blätter	Bis 30	3	10
Teppichspindel	*Euonymus fortunei* 'Minimus'	Filigrane, dunkelgrüne Blättchen	25	2–3	30

Pflege Neben eventuellen Kalkgaben im Frühjahr ist eine zurückhaltende Düngung und ausgeglichene Wasserversorgung wichtig. Staunässe und zuviel Stickstoffdünger schwächen die Pflanze. Bei Pilzbefall sollten Sie den Efeu kräftig zurückschneiden und alle kranken Blätter entfernen. Mit einem starken Rückschnitt im April, vor dem Austrieb, kann man vergreiste oder zu hoch gewachsene Efeuranken verjüngen.

Stauden und Einjährige als Bodendecker

Neben den Gehölzen gibt es noch andere Pflanzengruppen, die sich für eine flächige Bepflanzung des Grabes eignen. Einige wachsen einjährig, andere müssen im Herbst aus dem Grabbeet genommen und an einem frostfreien Ort überwintert werden, da sie die kalte Jahreszeit im Freien nicht überstehen würden, und wieder andere können auch mehrjährig in Dauerkultur gehalten werden. Durch ihren Wuchs, ihre unterschiedlichen Blattformen und Blütenfarben sind sie eine echte Alternative zu den oft etwas eintönig wirkenden Boden deckenden Gehölzen. Für jeden Standort gibt es eine große Auswahl im Gartenfachhandel, wobei einheimische Arten in der Regel besonders pflegeleicht sind.

Ein trockener, sonniger Standort
Auf durchlässigen, sandigen Böden mit direkter Sonneneinstrahlung fühlen sich Pflanzen aus felsenreichen, trockenen Landstrichen wohl. Auch an sonnigen Grabrändern wachsen sie ohne Probleme. Diese Arten haben meist helles, silbrig glänzendes oder behaartes Laub und schmale Blätter.

Bei Boden deckenden Stauden reicht es in der Regel aus, wenn Sie die abgeblühten Blütenstände entfernen und die über die Grabfläche hinauswuchernden Triebe einkürzen.

Einige Beispiele:

✿ Dicht wachsende Blattstände und zierliche Blüten zeichnen Hornkraut und Silberwurz aus. Durch ihre silberfarbenen Blätter passen sie besonders gut zu roten Rosen und Blumen, die in dezenten Pastellfarben blühen.

✿ Bei der dichte Polster bildenden Grasnelke oder der immergrünen Schleifenblume, die an einem sonnigen Platz durch die vielen weißen Blüten besticht, brauchen Sie kaum zu gießen und zu düngen – die hier heimischen Arten sind richtige Überlebenskünstler.

Ein halbschattiger Standort

Zwischen locker wachsenden, sommergrünen Sträuchern und Bäumen fühlen sich die meisten Pflanzen wohl. Je nach Sonnenscheindauer können hier sowohl lichthungrige Pflanzen als auch Schattenpflanzen gedeihen.

Einige Beispiele:

✿ Hübsche blaue Blüten bildende Stauden wie Ehrenpreis und Gedenkgemein kann man hier genauso finden wie die weiß blühende Schaumblüte.

✿ Niedrig wachsende Bodendecker wie Haselwurz, Fiederpolster und Hornkraut sorgen für einen geschlossenen Teppich und unterdrücken zudem durch den dichten Bewuchs unerwünschte Unkräuter.

✿ An einem sonnigen bis halbschattigen Standort wachsen auch Arten wie Andenpolster, Bruchkraut und Stachelnüsschen. Der Bestand dieser Stauden kann nach drei bis vier Jahren lückig werden. Durch Teilung (→ Seite 34) oder über die Ausläufer sind die Pflanzen aber gut zu vermehren und die Ausfälle auszugleichen. Diese Arten brauchen außerdem in kalten Wintern eine Reisigabdeckung.

Pflanzen, die natürlicherweise vor allem an halbschattigen Standorten gedeihen, müssen auf sonnigen Gräbern regelmäßig gegossen werden.

An halbschattigen Standorten müssen Sie am wenigsten gießen. Die Sonne ist nicht so intensiv und der Regen wird durch das lockere Blätterdach nicht abgehalten.

Stauden für sonnige Standorte

Pflanzenname (deutsch)	Pflanzenname (botanisch)	Blütezeit	Blüten und Blätter	Höhe in cm
Blaukissen	Aubrieta deltoidea	März – April	Blaue, rote und violette Blüten	Bis 10
Echeverie	Echeveria deren-bergii, elegans	April – Juni	Silbergraue, fleischige Blätter	10
Federnelke	Dianthus plumaris	Mai – Juni	Weiße und rosa Blüten; grasartige Blättter	20
Gänsekresse	Arabis procurrens	März – April	Weiße Blüten	10
Grasnelke	Armeria maritima	April – Juni	Rosa und weiße Blüten; grasartiges Laub	Bis 15
Hauswurz	Sempervivum-Hybride	Juni – Juli	Rosa Blüten	10–20
Hornkraut	Cerastium tomen-tosum	April – Juni	Weiße Blüten; graues Laub	10
Katzenminze	Nepeta-faasennii-Hybride	Mai – September	Violette Blüten	30–50
Katzenpfötchen	Antennaria dioica	Mai – Juni	Rosa Blüten; graue Blätter	10–15
Männertreu	Lobelia erinus	Juni – September	Blaue, rote und weiße Blüten	10–30
Mauerpfeffer	Sedum acre	Juni – Juli	Gelbe Blüten; grau-grünes Laub	5
Schleifenblume	Iberis amara	Juni – Juli	Weiße und rosa Blüten	10–30
Silberwurz	Dryas octopetala	Mai – Juni	Weiße Blüten; satt-grüne Blätter	10
Spanisches Gänseblümchen	Erigeron karvins-kianus	Juli – September	Weiße und rosa Blüten	30–50
Teppichphlox	Phlox subulata	April – Mai	Diverse Blütenfarben; grüne Blätter	10

Stauden für sonnig-halbschattige Standorte

Pflanzenname (deutsch)	Pflanzenname (botanisch, 'Sorte')	Blütezeit	Blüten und Blätter	Höhe in cm
Andenpolster	*Azorella trifurcata*	Mai – Juni	Unauffällige, grünlich-gelbe Blüten; dunkel-grüne, grasartige Blätter	5
Bruchkraut	*Herniaria latifolia*	Mai – Oktober	Unauffällige, gelbgrüne Blüten; stumpfgrüne, behaarte Blätter	3–5
Ehrenpreis	*Veronica austriaca, repens, filiformis*	Mai – Juli	Blaue Blüten; silber-graues Laub	Bis 50
Fetthenne	*Sedum floriferum* 'Weihenstephaner Gold'	Juli – August	Gelbe Blüten; flei-schige, dunkelgrüne Blätter	10–15
Fetthenne	*Sedum spurium* 'Album'	Juli – August	Weiße Blüten; dunkel-grüne, fleischige Blätter	10–15
Fiederpolster, Laugenblume	*Cotula squalida*	Juli – August	Gelbe Blüten; zierliche, grüne Blättchen	3–5
Gedenkgemein	*Omphalodes verna*	Mai – Juni	Blaue Blüten	10
Gefleckte Taubnessel	*Lamium maculatum*	Mai – Juni	Violette und weiße Blüten; silbergraue, gestreifte oder gefleck-te Blätter	15–40
Haselwurz	*Asarum europaeum*	März – August	Unauffällige, braunrote Blüten; glänzende, dunkelgrüne, nieren-förmige Blätter	10
Prachtfetthenne	*Sedum spectabile*	August – September	Rosa und rote Blüten; dunkelgrüne, fleischige Blätter	30–40

Stauden für sonnig-halbschattige Standorte – Fortsetzung

Pflanzenname (deutsch)	Pflanzenname (botanisch, 'Sorte')	Blütezeit	Blüten und Blätter	Höhe in cm
Prachtstorchen-schnabel	Geranium-magnifi-cum-Hybride	Juni – Juli	Violette Blüten; schöne herbstliche Laubfärbung	30–40
Schaumblüte	Tiarella cordifolia	Mai – Juni	Weiße Blüten; frisch-grünes Laub	20–30
Stachelnüsschen	Acaena buchananii	Mai – November	Unauffällige, weißliche Blüten; rotbraune Blätter	5–10
Stachelnüsschen	Acaena micropylla 'Kupferteppich'	Mai – November	Unauffällige, weißliche Blüten; rotbraune Blätter	5–10

Ein schattiger Standort

Unter einem immergrünen, dichten Baumbestand können nur schattenverträgliche Arten wie Efeu, Immergrün, Dickmännchen und andere, meist grünlaubige Pflanzen auf Dauer überleben. Einige weitere Beispiele:

❉ Stauden wie Funkie, Porzellanblümchen und Steinbrech bringen etwas Farbe an absonnige Standorte.

❉ Vor wenigen Jahren noch ein »Newcomer«, hat sich mittlerweile die immergrüne Golderdbeere *(Waldsteinia)* mit ihren schönen, gelben Blüten als Bodendecker auf schattigen Gräbern einen festen Platz erobert. Um bunte Blüten und Blätter zu entwickeln, sollte die Sonne aber möglichst ein paar Stunden am Tag durch das Blätterdach scheinen.

An schattigen Standorten konkurrieren die Wurzeln der Bäume mit den anderen Pflanzen um das Wasser, und das dichte Blätterdach lässt wenig Regen durch.

Dickblattgewächse und andere Arten als Beeteinfassung

Besonders für trockene Beetränder in sonnigen Lagen eignen sich robuste Sukkulentenarten. Durch ihre ausdrucksstarken, fleischigen Blätter unterscheiden sie sich deutlich von anderen Pflanzen. Als Dauerpflanzung kommen nur bestimmte Fetthennen-Arten (→ Seite 75) für das Grabbeet in Betracht.

Die nicht winterharten *Echeverien* mit ihren beeindruckenden, rosettenartig angeordneten Blättern müssen vor den ersten Frösten herausgenommen werden und können in Töpfen im Haus überwintern.

Etwas mehr Kälte hält das rot-grün geflammte Papageienblatt (→ Tabelle Seite 89) aus. Diese einjährige Pflanze eignet sich gut als Kontrast zu einer ansonsten Grün in Grün gehaltenen Anlage.

Besonders empfehlenswert ist die winterharte Fetthennen-Sorte 'Weihenstephaner Gold'.

Stauden für halbschattig-schattige Standorte

Pflanzenname (deutsch)	Pflanzenname (botanisch, 'Sorte')	Blütezeit	Blüten und Blätter	Höhe in cm
Funkie	*Hosta*-Arten und -Hybride	Juni – August	Weiße und lila Blüten; blaugrüne, gelbgrüne und weißgrüne Blätter	10–120
Golderdbeere	*Waldsteinia ternata*	Mai – Juni	Goldgelbe Blüten; große, grüne, gefiederte Blätter	10
Günsel	*Ajuga reptans*	April – Mai	Blaue Blüten	10
Pfennigkraut	*Lysimachia nummularia*	Mai – Juli	Gelbe Blüten; runde, grüne Blätter	5
Porzellanblümchen	*Saxifraga umbrosa* 'Élliot'	April – Mai	Weiß-rote Blüten; Blattrosetten	20
Steinbrech	*Saxifraga cuneifolia*	April – Mai	Weiß-rote Blüten; Blattrosetten	15

Ziergräser

Bei der Wahl von Gräsern sollte man daran denken, dass ihre Blütenstände sehr viel höher sein können als ihre Halme.

Die Blüten der Gräser sind zwar meist klein und unscheinbar, ihr Formenreichtum ist dafür aber umso reizvoller. In der kalten Jahreszeit überzieht der Raureif ihre filigranen Halme, und im Sommer und Herbst bilden sie in verschiedenen Grün-, Rot- und Blautönen dichte oder lockere Horste. Es gibt niedrig und höher wachsende Ziergräser. Sie lassen sich sowohl mit bunten Blütenpflanzen als auch mit Gehölzen kombinieren.

Standort Schattenverträgliche Waldgräser aus den Gattungen der Seggen *(Carex)* und Hainsimsen *(Luzula)* fühlen sich auf einem humosen und feuchten Boden unter

Bäumen und Sträuchern wohl. Die meisten Gräser wachsen aber an sonnigen und trockenen Standorten. Die Kolbenhirse *(Setaria italica)* mit ihren dicken Rispen, der dichte Büschel bildende Bärenfellschwingel *(Festuca gautieri)* und das zierliche Zittergras *(Briza media)* sind die idealen Arten für diese Bedingungen.

Das Zittergras bevorzugt einen sonnigen bis halbschattigen Standort.

Ziergräser (nach Standort)

Pflanzenname (deutsch)	Pflanzenname (botanisch, 'Sorte')	Blattfarbe	Standort	Höhe in cm
Bärenfell-schwingel	Festuca gautieri	Wintergrün	Sonnig	15
Blauschwingel	Festuca glauca	Wintergrün, silber-graublau	Sonnig	15
Blaustrahlhafer	Helictorichon sempervirens	Wintergrün, silber-graublau	Sonnig	30
Hasenschwanz-gras	Lagurus ovatus	Blassgrün, später cremeweiß	Sonnig	50
Kolbenhirse	Setaria italica	Hellgrün	Sonnig	60
Nebelgras	Agrostis nebulosa	Hellgrün	Sonnig	35
Herzzittergras	Briza media	hellgrün	Sonnig – halbschattig	60
Pfeifengras	Molina caerulea	Diverse Blattfarben	Sonnig – halbschattig	40
Drahtschmiele	Deschampsia flexuosa	Sattgrün	Sonnig – schattig	30
Breitblatt-Segge	Carex plantaginea	Wintergrün	Halbschattig – schattig	20
Japan-Segge	Carex morrowii	Wintergrün, auch weiß-bunt	Halbschattig – schattig	20
Waldmarbel	Luzula sylvatica 'Mariginata' u. a.	Wintergrün, mit gelben, später weißen, schmalen Rändern	Halbschattig – schattig	50

Pflege Da die meisten Arten kaum gegossen oder gedüngt werden müssen, sind sie besonders pflegeleicht. Vor allem mehrjährige, wintergrüne Arten sind geeignet.

Pflanzung Einjährige Gräser können wie Sommerblumen angesät werden. Ausdauernde Arten (Stauden) pflanzt man am besten im zeitigen Frühjahr.

Farne

Farne sind nicht nur pflege- leichte, sondern auch langlebige Pflanzen.

Auf schattigen Gräbern mit feuchten und humosen Böden kommen die archaisch anmutenden Farnpflanzen gut zur Geltung. Auch hier gibt es wintergrüne Arten, wie den Streifenfarn oder den fein gerippten Filigranfarn. Besonders robust sind Wurmfarn, Frauenfarn und Hirschzungenfarn. Schneiden Sie verwelkte Farnwedel erst im Frühjahr ab, denn das abgestorbene Laub dient den Pflanzen als Frostschutz. Verletzen Sie aber beim Rückschnitt nicht die jungen, zusammengerollten Farnwedel.

Farne als Grabbepflanzung vermitteln den Eindruck von Ruhe und Harmonie.

Farne für halbschattig-schattige Standorte

Pflanzenname (deutsch)	Pflanzenname (botanisch, 'Sorte')	Blattform	Höhe in cm
Filigranfarn	*Polystichum setiferum* 'Plumosum densum'	Fein gefiederte, gebogene Wedel	50
Frauenfarn	*Athyrium filix-femina*	Fein gefiederte, hellgrüne Wedel	70–90
Hirschzungenfarn	*Phyllitis scolopendrium*	Ungefiederte Wedel, wintergrün	40
Streifenfarn	*Asplenium trichomanes*	Lange, ungleich gefiederte Wedel, wintergrün	20
Trichterfarn	*Matteuccia struthiopteris*	Trichterförmig angeordnete, doppelt gefiederte Wedel	60–140
Wurmfarn	*Dryopteris-filix-mas-Hybride*	Hoch aufgerichtete, gefiederte Wedel	100

Jahreszeitlich wechselnder Blumenschmuck

Auf die Pracht von Blumen und Blütenstauden sollte man bei einer Grabbepflanzung möglichst nicht verzichten, auch wenn die Freude daran meist nur kurze Zeit dauert. Mit Blütenpflanzen können Sie richtige Bilder malen. Harmonisch aufeinander abgestimmte Farben, eine möglichst lückenlose Blütenfolge vom Frühjahr bis in den Herbst und ganz bewusst geplante Blütenhöhepunkte lassen durch geschickte Sorten- und Artenwahl ein lebendes Kunstwerk entstehen.

Doch nicht alle Pflanzen sehen über das Jahr hübsch aus. Abgeblühte Blumen und verwelkte Blätter sind zwar in der Natur ein normaler Anblick, aber auf einem kleinen Grabfeld häufig unerwünscht. Deshalb sollte man vor al-

Wählen Sie doch eine oder mehrere Pflanzen aus, die zum Todes- oder Geburtstag des Verstorbenen gerade in schönster Blüte stehen.

lem Pflanzen wählen, die für eine Dauerkultur geeignet sind, eine lange Blütezeit haben oder ohne Probleme aus- und unter Umständen umgepflanzt werden können.

Zwiebel- und Knollengewächse

Kaum ist der Schnee weggeschmolzen, zeigen sich die ersten Blumen. Viele dieser Arten gehören zu den Zwiebel- und Knollengewächsen. Sie besitzen unterirdische Speicherorgane, die der Pflanze ihre Nährstoffe zum schnellen Austreiben schon bei noch eher unwirtlichen, winterlichen Temperaturen zur Verfügung stellen. Auch auf dem Grab können sie die ersten Frühlingsboten sein.

Für eine Anzucht aus Zwiebeln eignen sich besonders alle sehr frühen Arten wie Krokusse, Narzissen, Schneeglöckchen, Blausternchen, Märzenbecher oder Winterlinge.

Im Sommer entfalten Knollengewächse wie Lilien, Gladiolen oder Dahlien ihre prachtvollen Blüten. Die beiden Letzteren sind nicht winterhart: Nehmen Sie die Knollen von Dahlien und Gladiolen deshalb im Herbst vor den ersten Nachtfrösten aus der Erde, lassen Sie sie gut abtrocknen, und überwintern Sie sie in einem kühlen Raum. Erst spät im nächsten Frühjahr dürfen sie wieder ausgepflanzt werden.

Auch Begonienknollen sind nicht winterfest und müssen vor den ersten Frösten ausgegraben werden.

Tipps für Zwiebelpflanzen
Damit Sie sich an Zwiebelpflanzen erfreuen können, sollten Sie einige Dinge beachten:

Standort Für Zwiebel- und Knollenpflanzen sollte der Standort zumindest zur Blütezeit sonnig sein – im zeitigen Frühjahr ist das auch unter Laubbäumen gegeben.

Lilien bezaubern im Sommer durch ihre prächtigen Blüten.

Zeitpunkt Frühjahrsblüher setzt man im Spätsommer und Herbst, Sommerblüher im Frühjahr. Die wenigen im Herbst blühenden Arten wie die hochgiftige Herbstzeitlose haben ihre Pflanzzeit im Hochsommer.

Pflanzung Als Faustregel gilt: Setzen Sie Zwiebeln und Knollen zwei- bis dreimal so tief, wie ihr Durchmesser beträgt, der Abstand sollte mindestens eine Zwiebelbreite betragen. Da stauende Nässe nur ganz schlecht vertragen wird, sollten Sie bei schweren Böden Kompost und Sand untermischen. Am besten ist es, wenn Sie den Boden der Pflanzgrube bzw. Pflanzschale mit einer Drainageschicht aus Splitt oder Kies versehen. Dann ist die Gefahr des Faulens weitgehend gebannt.

Mehrjährig nutzen Wenn Sie die Pflanzen mehrere Jahre kultivieren wollen, sollten sie sich nach der Blüte möglichst gut regenerieren können. Dafür müssen die Samenanla-

Die Blüte von Zwiebelpflanzen ist meist nur kurz. Um sie zu verlängern, können Sie Zwiebelmischungen aus Arten mit unterschiedlicher Blühzeit zusammenstellen.

gen ausgebrochen werden. Die Blätter dürfen aber erst entfernt werden, wenn sie verwelkt sind, denn erst dann haben sich die Nährstoffe aus den Blättern in die Zwiebel oder Knolle zurückgezogen. Das kann durchaus ein bis zwei Monate dauern, und in dieser Zeit sieht das Laub nicht gerade dekorativ aus. Setzten Sie deshalb vor allem sehr frühe Blüher zwischen locker gepflanzte Bodendecker. Diese verdecken später den Anblick des unschönen, welkenden Laubs.

Sie können später blühende Arten, wie z. B. Tulpen, nach dem Verblühen auch ganz entfernen. Am besten pflanzen Sie die Zwiebeln in einen Korb: so können sie leichter wieder herausgenommen werden und sind zudem vor Wühlmäusen geschützt.

Zwiebel- und Knollenpflanzen (nach Standort)

Pflanzenname (deutsch)	Pflanzenname (botanisch)	Blütezeit	Blütenfarbe	Standort	Höhe in cm
Dahlien	Dahlia-Hybride	Juli – Oktober	Diverse Farben	Sonnig	30–170
Gladiolen	Gladiolus-Hybride	Juni – September	Diverse Farben	Sonnig	40–140
Blausternchen	Scilla sibirica	März – April	Blau	Sonnig – halbschattig	15
Frühlings-Iris	Iris danfordiae	März – April	Gelb	Sonnig – halbschattig	15
Herbstkrokus	Crocus speciosus und sativus	September – November	Violett	Sonnig – halbschattig	10
Hyazinthe	Hyacinthus orientalis	April – Mai	Weiß, gelb, blau, rosa	Sonnig – halbschattig	30

Zwiebel- und Knollenpflanzen (nach Standort) – Fortsetzung

Pflanzenname (deutsch)	Pflanzenname (botanisch)	Blütezeit	Blütenfarbe	Standort	Höhe in cm
Kaukasische Iris	Iris reticulata	März	Blau	Sonnig – halbschattig	Bis 30
Maiglöckchen	Convallaria majalis	Mai – Juni	Weiß	Sonnig – halbschattig	20
Märzenbecher	Leucojum vernum	März	Weiß	Sonnig – halbschattig	20
Narzisse	Narcissus speciosus	März – Mai	Gelb, weiß	Sonnig – halbschattig	50
Schneeglöckchen	Galanthus nivalis	Februar – März	Weiß	Halbschattig – schattig	15
Traubenhyazinthe	Muscari armeniacum	April – Mai	Blau	Sonnig – halbschattig	20
Tulpen	Tulipa speciosus	März – Mai	Weiß, gelb, rot	Sonnig – halbschattig	20–60
Wildkrokus	Crocus susianus und tommasinanus	Februar – April	Weiß, gelb, blau	Sonnig – halbschattig	10
Winterling	Eranthis hyemalis	Februar – März	Gelb	Sonnig – halbschattig	10
Buschwindröschen	Anemone nemorosa	Februar – April	Weiß	Halbschattig – schattig	20

Ein- und mehrjährige Blumen und Blütenstauden

Nicht nur Zwiebel- und Knollenblumen sorgen für saisonale Farbtupfer auf dem Grab. Aus dem großen Angebot an Blumen finden Sie hier eine Auswahl von Arten, die für die Friedhofsgärtnerei gut geeignet sind – nach Jahreszeiten geordnet, in allen Farben und für alle Standorte.

Viele Blumen blühen bei guter Pflege vom Sommer bis in den Herbst hinein.

Begonien werden gerne flächendeckend gepflanzt.

Pflegeleichte Blumen für das Frühjahr
Neben den Zwiebelpflanzen gibt es auch andere frühe Arten wie Vergissmeinnicht, Gänseblümchen und die gegen Spätfröste empfindlichen Primeln. Bei guter Wasser- und Nährstoffversorgung blühen sie wochenlang. Auch Stiefmütterchen und verschiedene Veilchenarten sind im Frühjahr und im Herbst hübsche und pflegeleichte Arten für die Grabbepflanzung.

Blumen vom Sommer bis in den Herbst
Die Vielfalt der Sommerblumen können Sie für eine abwechslungsreiche Grabbepflanzung nützen. Wenig Arbeit machen vor allem Arten mit langen Blühzeiten.

Begonien Sehr beliebt bei der professionellen Grabbepflanzung sind die kleinblütigen und robusteren Sorten

Nicht nur, weil es gepflegter aussieht, sollten Sie verwelkte Blüten entfernen. Die Pflanzen werden dadurch auch zur Blütenbildung angeregt.

der Knollenbegonien, deren neue Sorten heute meist aus Samen gezogen werden und einjährig sind. Sie bevorzugen einen halbschattigen Standort. Bei den Eisbegonien sind die später blühenden Sorten ausdauernder in ihrer Blühfreudigkeit. Die Vielfalt der Blütenfarben und Formen schmücken das Beet von Mai bis Oktober.

Neue Züchtungen beider Arten ermöglichen auch die Anpflanzung an sonnigen Standorten.

Pelargonien In der Sonne gedeihen auch Pelargonien, die vor allem unter der volkstümlichen Bezeichnung Geranien bekannt sind. Sie überstehen sogar kurze Trockenperioden, sind aber nicht winterhart. Ob rote, lachsfarbene oder weiße Blüten, das Sortiment ist schier unüberschaubar. Deshalb ist bei der Auswahl eine Beratung vom Fachmann wichtig. Erkundigen Sie sich nach Wetterfestigkeit und Hitzebeständigkeit. Damit die Blühwilligkeit nicht nachlässt, müssen Sie reichlich düngen und gießen.

Pelargonien und Fuchsien brauchen zum Überwintern aber einen hellen und frostfreien Ort.

Einheimische Arten Einheimische Arten wie z. B. Kornblume, Gelber Lerchensporn und Türkenbundlilie verzaubern den Sommer mit ihrem ländlichen Charme.

Weniger lichthungrige Pflanzen Auch an schattigeren Standorten muss auf Blumen nicht verzichtet werden. Hier blühen unter anderem Pantoffelblumen, Alpenveilchen, Tränendes Herz und Fleißiges Lieschen. Fuchsien mit ihren formenreichen und anmutigen Blüten sind besonders dankbare Pflanzen für diesen Standort.

Blumen im Herbst
Im Herbst reduziert sich das Angebot an Saisonpflanzen auf einige wenige robuste Arten.

Die beliebten Alpenveilchen geben auch auf einem Grab eine gute Figur ab.

Bei vielen Sommerblumen können Sie nach der Blüte selbst Samen gewinnen und bis zum nächsten Frühjahr trocken und kühl lagern.

Alpenveilchen Jetzt erfreuen sich Alpenveilchen *(Cyclamen)* großer Beliebtheit. Die Farbskala ihrer Blüten reicht von Weiß und Rosa über Rot bis hin zu Violett. Kleinblütige *Cyclamen* vertragen sogar leichte Minusgrade, denn die unter dem Laub geschützten Knospen entwickeln sich bei wieder ansteigenden Temperaturen weiter.

Stiefmütterchen und Hornveilchen Warme Naturtöne wie Rostrot, Orange oder Gelb bringen Ruhe in die Grabbepflanzung und sind auch bei den Blütenfarben der Stiefmütterchen und Hornveilchen anzutreffen. Einige Züchtungen zeichnen sich durch gute Winterhärte aus.

Astern und Chrysanthemen Diese bunten, prächtigen Blumen ergeben mit den kräftigen Farben des Herbstlaubs ein reizvolles Zusammenspiel. Herbstchrysanthemen und Herbstmargeriten sind zwar attraktive Pflanzen für das spätsommerliche Beet, werden aber gerne von Schnecken gefressen.

Herbst-Erika Die unzähligen roten, rosafarbenen und weißen Blütenglöckchen der Topfheide *(Erika gracilis)* sind der klassische Herbstschmuck. Die Pflanzen sterben mit den ersten stärkeren Frösten ab. Winterharte Vertreter der Besenheide sind eine gute Alternative (→ Seite 66). Achten Sie auf früh blühende Sorten, die nicht erst im Februar mit ihrer Hauptblüte beginnen.

Blütenpflanzen für sonnige Standorte

Pflanzenname (deutsch)	Pflanzenname (botanisch) 'Sorte'	Blütezeit	Blütenfarbe	Höhe in cm
Bergaster	*Aster amellus*	August – September	Rosa, lila	40–60
Buntnessel	*Coleus-Blumei-Hybriden*	Blattschmuck	Rot, weiß und grün gefärbte Blätter	20–30
Christrose	*Helleborus niger*	Oktober und April	Weiß, gelb, rosa	15–60
Goldlack	*Cheiranthus cheiri*	April – Juni	Gelb, braun, rot, weiß	30–60
Großblütige Pelargonie	*Pelargonium-Zonale-Hybride*	Mai – Oktober	Diverse Farben	30–40
Jungfer im Grünen	*Nigella damascena*	Juni – September	Blau	40–50
Kissenaster	*Aster-dumosus-Hybride*	September – Oktober	Rosa, blau, weiß, rot	40
Kleinblütige Pelargonie	*Pelargonium-Pelatum-Hybride*	Mai – Oktober	Diverse Farben	30–40
Papageienblatt	*Alternanthera ficoidea* 'Bettzickiana'	Blattschmuck	Rot-grün geflammte, kleine Blättchen	10

Blütenpflanzen für halbschattige Standorte

Pflanzenname (deutsch)	Pflanzenname (botanisch)	Blütezeit	Blütenfarbe	Höhe in cm
Akelei	*Aquilegia vulgaris*	Mai – Juni	Blau	40–60
Alpenveilchen	*Cyclamen persicum*, robuste Mini-Sorten oder *C. purpurascens*	Juli – November	Rot, rosa, weiß	10–30
Bartfaden	*Penstemon*-Hybriden	Juni – Oktober	Weiß, rosa, rot	40–90
Duftveilchen	*Viola odorata*	Februar – April und April – September	Violett	10
Eisbegonie	*Begonia-semperflorens*-Hybride	Mai – Oktober	Weiß	25
Gänseblümchen	*Bellis perennis*	März – Juni	Weiß, rosa, rot	20
Goldkamille	*Chysamthemum parthenium*	Juni – September	Weiß, gelb	20–50
Herbst-Chrysantheme	*Dendrathema-Grandiflorum*-Hybride	August – November	Diverse Farben	35
Herbstmargerite	*Dendrathema arcticum*	September – Oktober	Weiß, rosa, gelb	30–40
Herbstzeitlose	*Colchicum autumnale*	September – Oktober	Weiß, rosa, lila	15
Hornveilchen	*Viola-cornuta*-Hybride	März – Mai und September – November	Diverse Farben	15
Japan-Anemone	*Anemone-Japanica*-Hybride	August – Oktober	Weiß, rosa, rot	60–140
Knollenbegonie	*Begonia*-Hybride	Mai – Oktober	Diverse Farben	30
Kornblume	*Centaurea cyanus*	Juni – August	Blau	80
Petunie	*Petunia*-Hybride	Mai – Oktober	Diverse Farben	20–50

Blütenpflanzen für halbschattige Standorte – Fortsetzung

Pflanzenname (deutsch)	Pflanzenname (botanisch)	Blütezeit	Blütenfarbe	Höhe in cm
Primeln	*Primula vulgaris*	März – Mai	Diverse Farben	20
Ranunkeln	*Ranunkulus*-Hybride	April – Juni	Diverse Farben	15 – 40
Silberblatt	*Senecio bicolor*	März – Mai	Lila und weiße Blüten; silberne Schoten	20
Stiefmütterchen	*Viola-Wittrokiana*-Hybride	März – Mai und September – November	Diverse Farben	20
Topfheide	*Erika gracilis*	Oktober – Dezember	Rot, rosa, weiß	40
Tränendes Herz	*Dicentra spectabilis*	April – Mai	Rosa	80
Vergissmeinnicht	*Myosotis*-Hybride	April – Juni	Blau, rosa, weiß	20

Blütenpflanzen für schattige Standorte

Pflanzenname (deutsch)	Pflanzenname (botanisch)	Blütezeit	Blütenfarbe	Höhe in cm
Fleißiges Lieschen	*Impatiens walleriana*	Mai – Oktober	Diverse Farben	20 – 60
Frühlingsplatterbse	*Lathyrus vernus*	April – Mai	Rot, später blau	30
Fuchsien	*Fuchsia*-Hybride	Mai – Oktober	Weiß, rot, blau	20 – 40
Gelber Lerchensporn	*Corydalis lutea*	Mai – September	Gelb	30
Pantoffelblume	*Calceolaria integrifolia*	Juni – Oktober	Gelb	40
Türkenbundlilie	*Lilium martagon*	Juni – Juli	Rot-weiß gefleckt	30 – 60

Grabarrangements über das Jahr

Damit das Grab einen harmonischen Anblick bietet, sollten Sie sich vor der Anlage ein paar Gedanken über die Gestaltung machen. Bevorzugen Sie eine streng gegliederte oder eine natürliche Bepflanzung? Welche Pflanzen harmonieren gut miteinander, und wie aufwändig soll das Ganze werden? Wie bei einem Garten fallen auch bei einem Grabbeet das ganze Jahr über bestimmte Arbeiten an. Der Umfang dieser saisonabhängigen Tätigkeiten hängt von der Gestaltung Ihres Grabes ab. Wenn Sie auf eine wechselnde, den Jahreszeiten angepasste Bepflanzung Wert legen, ist der Arbeitsaufwand natürlich größer. Aber auch eine Dauerbepflanzung will regelmäßig gepflegt werden.

Diebstahl auf dem Friedhof

An Gedenktagen schmücken Gestecke oder Sträuße das Grab. Doch ebenso wie Lichter oder bepflanzte Schalen sind sie oft nach kurzer Zeit auf Nimmerwiedersehen verschwunden. Diebe schrecken nicht einmal davor zurück, ganze Grabbepflanzungen auszugraben und abzutransportieren. Neben der Trauer um den Verlust kommt auch noch die Arbeit des Neuanpflanzens hinzu. Doch wie kann man sich davor schützen?

Alles, was nicht »niet- und nagelfest« ist, läuft Gefahr, entwendet zu werden.

- Versuchen Sie nicht, der Erste bei der Anpflanzung zu sein. Professionelle Diebe versorgen sich am liebsten am Anfang der Saison mit Pflanzen.
- Da bei teuren Pflanzen der Verlust besonders hoch ist, sollten Sie besser auf sie verzichten. Es gibt eine große Auswahl an hübschen und preiswerten Arten. Lassen Sie sich in der Friedhofsgärtnerei beraten.
- Um schnell noch ein Mitbringsel zu besorgen, werden gerne hoch wachsende Blumen vom Grab gepflückt und zu einem Strauß gebunden. Niedrig wachsende Bodendecker sind dafür nicht geeignet und deshalb weniger Diebstahl gefährdet.
- Schwere Vasen und Schalen trägt man nicht so gerne weg, vor allem, wenn sie nicht besonders wertvoll sind. Legen Sie schwere Kiesel auf den Grund der Vase oder den Boden der Pflanzschale, das gibt den Gefäßen auch zusätzlichen Halt.
- Pflanzschalen aus umweltfreundlichen, kompostierbaren Materialien (→ Seite 127) sind bei Dieben nicht so begehrt, da sie eher unscheinbar aussehen.
- Sträuße und Gestecke kann man schlecht sichern. Vielleicht hilft das Feststecken mit Holznägeln oder mit stabilen Zweigen. Und die Beigabe von dornigen Gewächsen lässt den Dieb unter Umständen seine langen Finger zurückziehen.

Als preiswerte und durchaus formschöne Rosenvase kann auch eine Champagnerflasche dienen.

Doch dreiste Diebe werden sich durch keine dieser Vorkehrungen wirklich abschrecken lassen. Nur wenn man sie zu fassen kriegt, hören sie mit ihrem Treiben auf. Deshalb sollten Sie sich nicht scheuen, Personen, die Sie auf frischer Tat ertappen, unverzüglich dem Friedhofspersonal oder der Polizei zu melden.

Auch wenn es unangenehm ist: Jeder beobachtete Diebstahl sollte sofort angezeigt werden.

Grundsätzliches zur Grabgestaltung

Bei der Anlage des Grabbeetes spielen nicht nur die Pflanzenzusammensetzung, sondern auch gestalterische Gesichtspunkte eine wichtige Rolle. Um der Würde des Ortes gerecht zu werden, sollte der Gesamteindruck des Grabbeetes nicht zu unruhig ausfallen. Auch wenn Sie sich dabei von der lieb gewordenen Vorstellung trennen müssen, besonders große oder auffällige Arten zu pflanzen. Viele Menschen haben z. B. den Wunsch, einmal unter dem mehrere Meter hohen, schützenden Blätterwerk eines Baumes begraben zu werden. Da der Platzbedarf der Wurzeln weit über die Grabfläche hinausgeht, ist die Anpflanzung solcher großen Gehölze aber in den wenigsten Fällen erlaubt.

Ein Gang über den Friedhof hilft Ihnen dabei, Eindrücke zu sammeln und das ganze Spektrum der Gestaltungsmöglichkeiten kennen zu lernen.

Anpassung an die Umgebung
Damit sich die Bepflanzung harmonisch in das Gräberfeld einfügt, sollten Sie außerdem Rücksicht auf die umgebenden Wege, Grabmale und Bepflanzungen nehmen. Denn nur gut abgestimmte Farben und Formen steigern die Wirkung der eigenen Grabstätte.
Bei der Gestaltung spielen aber auch regionale und religiöse Traditionen eine wichtige Rolle. Auf einem Dorffriedhof bestimmen meist bunte Saisonpflanzen und Kiesabdeckungen das Bild, auf älteren jüdischen Friedhöfen hingegen wird die Natur sich selbst überlassen.

Die Flächenaufteilung
Die Gliederung der Fläche wird durch die Anpflanzung verschiedener Arten erreicht. Im Hintergrund stehen meist

Zwerggehölze, den Hauptanteil nehmen aber Boden-deckerarten und Saisonpflanzen ein. Die Anteile dieser Pflanzengruppen können je nach Grabgröße schwanken. Um die Pflegearbeiten gering zu halten, hat es sich be-währt, einen Großteil der Fläche mit dauerhaften Arten zu bepflanzen:

* Die Rahmenbepflanzung aus dauerhaften Zwergge-hölzen sollte insgesamt nicht mehr als ein Viertel der Fläche einnehmen.
* Die Bodendeckerarten können bis zu 50 Prozent der Fläche einnehmen, auf großen Gräbern auch mehr.
* Für den wechselnden Blumenschmuck bleiben dann noch 15 bis 30 Prozent der Beetfläche übrig. Je kleiner die gesamte Pflanzfläche ist, desto größer kann der Anteil an Saisonpflanzen sein.

Da wenige Ele-mente oft besser wirken, sollten Sie lieber nicht zu viele Wuchs-höhen, Blattfor-men und Farben kombinieren.

Verschieden große Rechtecke harmonieren mit der quadratischen Form eines Ur-nengrabmals. Von rechts oben im Uhrzeigersinn: Ranunkeln, Blauschwingel, Ha-selwurz und wieder Blauschwingel.

Grabgröße und Grabmal

Damit die Farbe des Grabsteins gut zur Geltung kommt, setzen Sie dazu am besten Blumen in Komplementärfarben (→ Seite 103).

Eine großzügigere Flächenaufteilung ist bei zweistelligen Wahlgräbern möglich. Urnengräber verlangen hingegen eine Reduzierung auf wenige Elemente. Bei der lang gestreckten Form von Einzelgräbern ist eine gut durchdachte Höhenabstufung der Bepflanzung wichtig.

Um einen harmonischen Gesamteindruck zu erzielen, sollten Sie bei der Gestaltung auch das Grabmal mit einbeziehen. Nicht nur die Form, sondern auch die Struktur und Farbe des Materials können bei der Bepflanzung wieder aufgegriffen werden.

Zu Beginn des 20. Jahrhunderts waren weiße, monumentale Grabsteine weit verbreitet. Dementsprechend hoch und ausladend durfte auch die Bepflanzung sein.

Bei aufrecht stehenden Stelen auf einem Doppel- oder Einzelgrab bietet sich eine Hintergrundgestaltung durch verschiedene, größere Gehölze an. Auf der Beetfläche haben Sie Platz für eine oder zwei Bodendeckerarten sowie Saisonpflanzen.

Bei Urnengräbern und Liegesteinen sollten die Begleitpflanzen nicht zu groß werden. Zwei oder drei verschiedene Arten reichen normalerweise aus, die Fläche zu gestalten. Besonders hübsch wirkt eine dominante Blumengruppe mit einer ruhigen Grundbepflanzung aus immergrünen Bodendeckern oder Ziergräsern.

Schmiedeeiserne oder hölzerne Kreuze mit ihren durchbrochenen Formen harmonieren gut mit einer lockeren Anordnung von Blumenstauden oder blühenden Zwergsträuchern. Auf ländlichen Friedhöfen sieht man sie auch oft mit bunten Saisonpflanzen kombiniert.

Größere Grabmale mit geschwungenem oder asymmetrischem Rand, aber auch Natursteine lassen sich gut mit Kletterpflanzen bewachsen. Einheimische Arten betonen dabei den natürlichen Charakter.

Räumliche Gestaltung
Je nachdem, wie die Raumaufteilung des Beetes strukturiert wird, ergibt sich ein strenger oder aufgelockerter Eindruck. Den vorderen Rand des Beetes sollten Sie aber immer möglichst dicht bepflanzen. Denn eventuelle Lücken fallen im Vordergrund wesentlich mehr auf als im hinteren Bereich.

Bei der Hintergrundgestaltung haben Sie die Wahl zwischen breiten, buschigen und schlanken, hohen Formen.

Nicht nur Farbe und Beschaffenheit des Grabmals, sondern auch Material und Farbe der angrenzenden Wege sollten berücksichtigt werden.

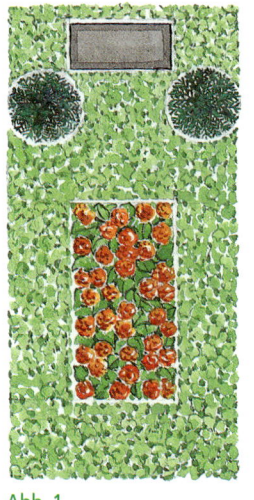

Die nebenstehenden Abbildungen zeigen mögliche Beispiele einer strengen, mehr oder weniger symmetrischen Grabgestaltung.

Abb. 1

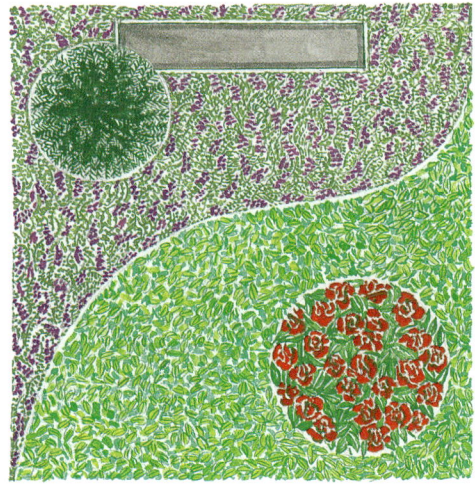

Abb. 2

Abb. 3

Abb. 4

Die Abmessungen der verschiedenen Grabformen:
Abb. 1: Reihen-Einzelgrab → 250 x 120 cm
Abb. 2: Doppelgrab (Wahlgrab) → 250 x 240 cm
Abb. 3: Kindergrab → 150 x 90 cm
Abb. 4: Urnengrab → 100 x 100 cm

Das streng gegliederte Grab
Ein geometrisch gegliedertes Grab wirkt aufgeräumt, und ein akkurat abgesteckter Rand setzt eine optische Grenze zur Umgebung. Durch eine flächige Bepflanzung mit Bodendeckern kann die Fläche untergliedert werden. Einen abgegrenzten Raum hält man für eine andersfarbige Bodendeckerart oder für Saisonpflanzen frei.

Gliederung der Flächen Achten Sie bei der Flächenaufteilung darauf, dass Sie asymmetrische Elemente nicht mit symmetrischen mischen. Die Pflanzfläche für die Saisonarten ist meist rund oder rechteckig. Doch es gibt auch unkonventionellere Aufteilungen. Beispielsweise sorgen strahlen- oder bandförmige Pflanzungen für eine fließende Optik, und eine diagonale, eventuell leicht geschwungene Teilung (→ Seite 98, Abb. 2) erzeugt Spannung.

Der goldene Schnitt Setzen Sie eine dominante Pflanze nicht genau in die Mitte des Beetes – die Anlage würde dadurch optisch in zwei kleinere Teile zerfallen. Besser ist eine Flächenaufteilung nach dem goldenen Schnitt. Man teilt dazu eine Fläche so in zwei Teile, dass deren größere sich zur kleineren so verhält wie die ganze Fläche zum größeren Teil. Das entspricht über den Daumen gepeilt einem Verhältnis von fünf zu drei.

Eine Form mit Variationen Variieren Sie eine Form, wie z. B. ein Dreieck oder eine Welle, durch verschiedene Größen oder Ausrichtungen. So wurde beispielsweise das Grab auf Seite 108 durch unterschiedlich große und breite Dreiecke gegliedert. Die strahlenförmige Anordnung führt den Blick zum Grabstein. Eine Kombination von unterschiedlichen Formen wirkt dagegen oft überladen.

Ausgewogene Gewichtung Dominante Gehölze im Hintergrund brauchen im Vordergrund ein Gegengewicht. Wenn rechts vom Grabstein ein Säulenwacholder steht, wirkt eine Gruppe von z. B. halb hohen Stauden auf der linken vorderen Seite ausgleichend.

Auch gegenständliche Formen wie z. B. ein Herz oder ein Kreuz können in die Bepflanzung integriert werden.

Skizzieren Sie auf einem Blatt Papier mögliche Flächenaufteilungen des Grabes. Dominante Gehölze können Sie durch Kreise andeuten.

Das natürlich gegliederte Grab

In natürlichen Umgebungen kommen gerade Linien, quadratische Flächen oder akkurate Streifen mit gleichen Abständen eigentlich nicht vor. Urwüchsige Landschaften ergeben sich aus einem Zusammenspiel verschiedenster Formen und Farben.

Nehmen Sie die Natur als Vorbild: Arten, die am Waldrand wachsen, gedeihen meist auch auf einem halbschattigen Grab.

Lebendige Flächen und Räume Durch eine abgestufte Höhenverteilung, eine asymmetrische Bepflanzung und unregelmäßige Ränder können Sie den Eindruck eines natürlichen Bewuchses verstärken. Auch hier sollte man wie beim streng gegliederten Grab darauf achten, dass nicht zu viele Gestaltungselemente kombiniert werden.

Anordnung der Pflanzen Setzen Sie die Pflanzen in Gruppen, oder verteilen Sie sie zufällig auf dem Beet. Die unterschiedlichen Blatt- und Wuchsformen ergänzen das Bild (→ Seite 102).

Auch bei dem freier gestalteten Grab ist es hilfreich, vorher mögliche Varianten auf einem Blatt Papier zu skizzieren.

Lebensräume beachten Arten, die im gleichen Naturraum vorkommen, passen auch auf einem Grab gut zueinander und wirken in ihrer Kombination natürlich. Ob Moorbeetpflanzen oder Arten vom Waldrand, wenn das Grabbeet die gleichen Standortbedingungen wie diese Pflanzen hat, wachsen sie ohne großen Pflegeaufwand.

Höhengliederung

Durch die Wahl von Pflanzen mit verschiedener Wuchshöhe kann man auch auf einer kleinen Grabfläche eine Tiefenwirkung erzielen. Durch eine asymmetrische Anordnung wird diese Wirkung noch erhöht.

Wenn Sie bei der Bepflanzung Freiräume lassen, kommen die einzelnen Pflanzen-arten besser zur Geltung.

Freiräume lassen Einzelne nicht bepflanzte oder mit nied-rigen Arten besetzte Freiräume führen das Auge des Be-trachters in die Tiefe der Anlage.

Platzierung höherer Gehölze Meist pflanzt man höhere Gehölze seitlich des Grabmals. Sehr streng wirken dabei zwei gleich geformte Säulen-Koniferen. Lockerer sieht es aus, wenn Sie eine der beiden Pflanzen weiter nach vor-ne ziehen und die Wuchshöhen und -formen unterschied-lich sind (→ Seite 53).

Hoch wachsende Pflanzen Neben Gehölzen und Kletter-pflanzen eignen sich für eine Höhengliederung auch hoch wachsende Stauden wie beispielsweise Ziergräser und Far-ne (→ Seite 78–81).

Denken Sie daran, dass die Pflanzen auch noch wach-sen und, zu nah am Grabmal ge-setzt, dieses mit der Zeit ver-decken können.

Pflanzenwirkung

Eine gute Gestaltung bietet dem Auge Abwechslung, ohne es durch eine zu große Formenvielfalt zu überfordern.

Pflanzen wirken durch ihre Größe, Wuchsform, Blatt- und Blütenfarbe sowie durch Beeren und Samenstände. Diese Wirkung ist besonders interessant und harmonisch, wenn sich die verschiedenen Elemente ergänzen:

Blattformen Feinfiedrige Arten wirken vor Pflanzen mit breiten Blättern besonders gut, niedrige rundblättrige hingegen vor hohen schmalblättrigen.

Wuchsformen Setzen Sie kriechende und buschig wachsende Pflanzen vor aufrechte Arten.

Blüten Stimmen Sie die Blühzeitpunkte aufeinander ab. Wählen Sie lieber nicht zu auffallende Farben bei den Bodendeckern und den Zwerggehölzen. Die Auswahl von passenden Saisonpflanzen ist sonst stark eingeschränkt.

Durch den Kontrast zu den zierlichen Blüten und Blättern im Vordergrund kommen die breiten Blätter der Funkie im Hintergrund besser zur Geltung.

Farbwirkung

Auch die Auswahl von Blüten- und Blattfarben sollte an die Bedeutung des Ortes angepasst sein. Verzichten Sie deshalb lieber auf schreiende und allzu bunte Farbkombinationen.

Ton in Ton Blüten in einem Farbton, zusammen mit einer grünen Grundfarbe, ergeben eine sehr reizvolle, aber dezente Bepflanzung. Dazu bieten sich z. B. rosa-violette Kombinationen an; lebhafter wirken gelb-orange Zusammenstellungen.

Rot–Grün, Gelb–Violett und Blau–Orange sind Komplementärfarben. Das heißt, sie bilden einen starken Kontrast.

Komplementäre Blütenfarben Sie steigern die Leuchtkraft der einzelnen Farbtöne. Dezent gesetzt erhält man dadurch eine lebendigere Wirkung. So leuchten z. B. rote Blüten oder Früchte vor grünem Hintergrund stärker als vor blauem oder violettem.

Primärfarben Ein besonders starker Kontrast wird durch die Kombination der Primärfarben Gelb, Rot und Blau erreicht. Dies kann auf Kindergräbern durchaus passend sein, sollte aber auf anderen Gräbern eher zurückhaltend eingesetzt werden. Auch Hell-Dunkel-Kontraste setzen, sparsam dosiert, interessante Akzente.

Blau, Gelb und Rot heißen Grund- oder auch Primärfarben, weil ein Maler aus diesen drei Farben alle anderen Farben mischen kann.

Schattig oder sonnig? Die Farbwirkung ist neben den zuvor genannten Punkten auch von den Lichtverhältnissen abhängig. Violette und blaue Blüten wirken an trüben Tagen und im Schatten zwischen Gehölzen wie dunkle Flächen. An einem sonnigen Standort werden dagegen eher die hellen Farben geschluckt.

Hier wurden Kontraste durch verschiedene Blütenformen und -farben geschaffen.

Tiefenwirkung Warme Farben wie alle Orangetöne wirken näher, kalte, blaustichige Farben eher ferner. So kann man durch geschickte Kombination eine Tiefenwirkung auch auf kleinen Gräbern erzielen.

Symbolpflanzen und Farbsymbolik

Sie können z. B. der Naturverbundenheit des Verstorbenen durch die Pflanzung von einheimischen Wildarten gedenken.

Eine einfühlsame Grabbepflanzung drückt Ihre Verbundenheit mit dem Verstorbenen aus. Durch die Verwendung der Lieblingspflanzen des Toten oder von Pflanzen mit Symbolcharakter erhält man das Andenken auf ganz besondere Weise.

Gläubige Menschen finden noch heute Trost in Symbolpflanzen, die eine religiöse Bedeutung haben. Blumen, die der Sonne entgegenwachsen und ihre Blütenkelche öffnen, stehen als Sinnbild für die Befreiung der Seele durch den Tod. Auch durch die Verwendung bestimmter Farben kann, wie in der folgenden Tabelle aufgeführt, Symbolisches zum Ausdruck gebracht werden.

Farbsymbolik

Farbe	Passende Pflanzenart
Weiß ist Unschuld und Demut.	Schneeglöckchen sind ein Sinnbild der wieder erwachenden Natur. Lilien und Maiglöckchen stehen als Marienblumen für die reine, unschuldige Liebe. Gänseblümchen symbolisieren Unschuld, Bescheidenheit und ewiges Leben.
Grün ist Leben, Wachstum und Hoffnung.	Buchsbaum, Immergrün und Efeu stehen für Unsterblichkeit und ewiges Leben. Die Eibe ist ein Totenbaum; in vorchristlicher Zeit schützte sie vor bösen Geistern.
Blau ist Sehnsucht, Treue und Glaube.	Akelei, Arnika, Lavendel und Maßliebchen sind Marienpflanzen und stehen unter anderem für Unschuld und Schmerz der Jungfrau. Wald-Ehrenpreis versinnbildlicht Christus, den Retter. Veilchen symbolisieren Bescheidenheit.
Rot ist Liebe, Leidenschaft und Blut.	Rosen stehen für Liebe, aber auch für die Dornenkrone Christi. Mohn gilt als Pflanze des Schlafes und des Todes.
Gelb ist Wissen und Offenheit.	Narzissen symbolisieren den todesähnlichen Schlaf. Margeriten sind das Sinnbild für vergossene Tränen. Schlüsselblumen stehen für den Himmelsschlüssel. Gelbe Ringelblumen werden schon lange als Totenblumen auf Gräber gepflanzt.

Kindergräber

Gerade bei Kindergräbern ist die Beziehung zum Verstorbenen besonders intensiv. Diese tiefen Gefühle können sehr gut durch bestimmte Pflanzen ausgedrückt werden. Ob Vergissmeinnicht, Gänseblümchen oder Veilchen, bunt gemischte Stauden oder Gräser – alle diese Arten erinnern an eine Blumenwiese, deren lockere Anordnung und bun-

Kindergräber werden meist naturnah und weniger streng gestaltet.

tes Farbenspiel dem kindlichen Charakter entsprechen. Ein blühender Zwergbusch symbolisiert das Aufblühen des Lebens in seiner vollen Schönheit und zugleich die Vergänglichkeit. Die aufwändigere Pflege der vielen Saisonpflanzen kommt auch dem Bedürfnis entgegen, sich intensiv mit diesem besonders schmerzlichen Tod auseinander zu setzen und die Trauer durch eine konkrete Aufgabe zu bewältigen.

Ein Kindergrab im Frühling: Vergissmeinnicht, Buschwindröschen, Maiglöckchen und Hornveilchen ergeben eine bunte Frühlingswiese. Zittergras und Tränendes Herz bilden einen lockeren Hintergrund.

Gräber nur mit Dauerbepflanzung

Bei einer Gestaltung mit mehrjährigen Arten sollten Sie darauf achten, dass die Pflanzen ganzjährig attraktiv sind. Immergrüne Gehölze bieten sich wegen ihres ganzjährigen Blattschmucks besonders an.

Wer nur wenig Zeit für die Grabpflege aufwenden kann, sollte diese Art der Gestaltung wählen.

Blattfarben kombinieren Mit den unterschiedlichen Blattfarben der Laub- und Nadelgehölze können Sie wirkungsvolle Effekte erzielen (Tabelle rechts). Als zusätzliche Farbtupfer eignen sich Stauden und Laubgehölze, die hübsche Blüten bilden.

Bizarre Effekte durch Raureif Im Winter sehen immergrüne Ziergräser, die mit Raureif oder Schnee bedeckt sind, besonders attraktiv aus.

Randbepflanzung Für die Einrahmung des Grabfeldes bieten sich sowohl Polster bildende Stauden als auch Bodendecker an.

Ansprüche an den Boden Achten Sie immer auf gleiche Standortansprüche bei den gewählten Arten. Moorbeetpflanzen brauchen sauren Boden, Laubgehölze hingegen lieben es etwas kalkreicher (→ Seite 27–28).

Manche Bodendeckerarten haben im Jungstadium eine andere Blattfarbe, Wuchsform und teilweise auch Blattform als ältere Pflanzen.

Die Flächenaufteilung Die Gliederung mit mehrjährigen Arten sollte möglichst einfach gehalten werden. Zwei verschiedene Bodendecker mit unterschiedlichen Blattfarben reichen für kleinere Beete und Einzelgräber meistens aus. Struktur verleihen robuste Zwerggehölze. Bei größeren Wahlgräbern kann man mehrere Elemente verwenden.

Farbliche Kontraste durch verschiedene Blattfarben

Blattfarben	Arten
Rotes Laub	Fächerahorn, Berberitze, Stachelnüsschen
Goldgelbes Laub	Japanischer Goldahorn, Spierstrauch, Haarzypresse
Silbergraues Laub	Schaumblüte, Lavendel, Blauschwingel, Blaustrahlhafer, Ehrenpreis, Hornkraut, Katzenpfötchen
Zweifarbiges Laub	Efeu, Funkie, Buntnessel, bestimmte Sorten der Kriechmispel, Taubnessel

Einige Gestaltungsvorschläge mit Dreiecken

Interessante Kontraste werden durch Dreiecke in verschiedenen Grüntönen gesetzt. Die folgenden Ideen beziehen sich auf ein Doppelgrab.

❁ Liegt das Grab im Schatten, kann das vordere Dreieck mit Efeu oder Haselwurz, das hintere Dreieck mit hellgrünem *Pachysander* bepflanzt werden. Für die Mitte eignet sich Waldmarbel und als Kreispflanzung Schaumblüte.

Vorderes Dreieck: Kriechender Wacholder; hinteres Dreieck: Kriechspindel; mittleres Dreieck: Erika; Kreispflanzung: Rhododendron

❁ Für ein sonniges Beet setzt man z. B. in das vordere Dreieck Kriechwacholder und in das hintere Dreieck Silberwurz oder weiß blühende Besenheide. Für das mittlere Dreieck verwendet man Hasenschwanzgras oder Nebelgras und für die Gehölzpflanzung Rhododendron oder Ginster.

❁ Natürlich kann man auch Saisonpflanzen ergänzen: Das mittlere Dreieck bestückt man mit lila-weißen oder lila-gelben Blumen, und statt Gehölzen eignen sich auch höher wachsende Blumen oder Stauden mit rosa Blüten.

Gräber mit Dauer- und Wechselbepflanzung

Der Übergang von einer Anlage mit ganzjährigen Arten zur Wechselbepflanzung ist fließend. Sie können in eine Dauerbepflanzung einfach die Ausfälle des alten Bestandes durch Saisonpflanzen ersetzen oder von vornherein eine bestimmte Fläche für einjährige Arten einplanen.

Trittsteine Für die Pflanzarbeiten ist es günstig, wenn man die Fläche für die Saisonarten gut erreichen kann. Bei größeren Beeten helfen Trittsteine, eine Anpflanzung in der Mitte des Grabes ohne Schaden für die Dauerkultur durchführen zu können.

Trittsteine dienen auch als Abstellfläche für Grablichter und Pflanzschalen.

Wer mit wem? Bei der Wahl der Arten ist eine Abstimmung mit der Rahmenbepflanzung wichtig. Da auch diese teilweise Blüten bilden oder im Herbst Früchte tragen, sollte die Blütenpracht der Saisonpflanzen dazu passend gewählt werden. Den Pflanzentabellen im Kapitel »Geeignete Grabpflanzen« können Sie die Farbe der Blüten, Blätter und Früchte entnehmen.

Inmitten einer grünen, dauerhaften Rahmenbepflanzung wurden hier mit Saisonpflanzen farbige, klare Akzente gesetzt.

Gräber nur mit Wechselbepflanzung

Sie können die ganze Grabfläche auch nur mit Saisonpflanzen bestücken. Vor allem Urnengräber, Kindergräber
oder Gräber mit Liegegrabsteinen können auf eine Dauerbepflanzung ganz verzichten. Die Beetfläche ist klein,
und schon mit recht wenigen Pflanzen ist der Grabschmuck vollendet.

Besonders schön
ist es auch, wenn
man die Pflanzen
mit knorrigen
Zweigen und Wur-
zeln oder im Herbst
mit Zapfen und
Moos kombiniert.

Formgebung Doch auch ganz klassische Gräber können
durch nicht winterharte Sukkulenten (→ Seite 77) eine Um-
randung erhalten und mit einjährigen Gräsern und pfle-
geleichten, lang blühenden Blumen ohne großen Arbeitsaufwand in Form gebracht werden.

Wechsel der Saisonpflanzen Wenn Saisonpflanzen abge-
blüht sind, werden sie durch später blühende Arten aus-
getauscht. Warten Sie dazu aber nicht so lange, bis alles
verblüht ist, sondern setzen Sie die nächste Generation
frühzeitig. So können die neuen Arten bis zur Blüte gut
anwachsen.

❀ Beim Auspflanzen sollten Sie den Wurzelballen vorsichtig ausgraben und am Ballen aus dem Pflanzloch heben. Sie können diese Pflanzen eventuell im Garten oder
auf dem Balkon weiter kultivieren.

❀ Für die Neubepflanzung brauchen Sie frisches Erdma-
terial, um den Verlust auszugleichen. Achten Sie darauf,
dass Sie alles auf gleicher Höhe pflanzen. Das sieht nicht
nur besser aus, sondern in eventuellen Mulden sammelt
sich auch gerne Stauwasser.

❀ Beim Pflanzenwechsel können Sie nach Bedarf Dünger,
Kompost, Rindenhumus, Sand oder Kalk einarbeiten.

Jahreszeitliche Arbeiten und Gestaltungstipps

Frühling

Im Herbst ins Beet gesetzte Zwiebeln strecken schon im zeitigen Frühjahr ihr zartes Grün durch das Laub der Bodendecker oder einer nicht zu hohen Abdeckung aus Koniferenzweigen. Ab Februar zeigen sich die ersten Blüten, und bei geschickter Wahl der Arten verblühen die letzten erst im Mai.

Gestaltungsvorschläge für den Frühling

❀ In Herzform gesetzte Frühlingsblüher symbolisieren die Jahreszeit der Liebe. Beispielsweise gelbe Krokusse, blaue Traubenhyazinthen und weiße Märzenbecher kann man in dieser Form oder in Gruppen gut miteinander kombinieren (→ Abbildung).

Dieses Herz aus gelben Narzissen wird eingerahmt von blauen Iris, weißen Bellis und rankendem Efeu.

❀ Im Halbschatten wirken blaue und orange Stiefmütterchen besonders edel, aber auch zweifarbige Sorten sind reizvoll. Locker in Gruppen oder bandförmig gepflanzt kann man sie gut mit weißen Gänseblümchen, violetten Vergissmeinnicht oder sattgrünen Ziergrasbüscheln kombinieren.

❀ Weiße Buschwindröschen, blaue Frühlingsplatterbsen und bunte Türkenbundlilien bieten sich für eine naturnahe Bepflanzung auf schattigen Gräbern an.

Wichtige Arbeiten im Frühling

❀ Gedenktage: Frühlingsanfang, Ostern, Pfingsten

❀ Die Winterabdeckung wird nun, falls vorhanden, entfernt. Wenn in bestimmten Bereichen Zwiebelblumen sprießen, kann man auch abwarten, bis sie sich regeneriert haben. Für andere Frühjahrsblüher sollte man aber die Fläche abräumen.

❀ Die unbepflanzte Erde sollte möglichst vorsichtig gelockert werden, damit keine Wurzeln der Dauerpflanzen verletzt werden.

❀ Mulchschicht und organische Frühjahrsdüngung für Stauden und Ziersträucher werden aufgebracht.

Ein Kindergrab kann man in eine blau-gelbe Frühlingswiese verwandeln (→ Seite 105).

Schneeglöckchen, die eigentlich noch zu den Winterblühern zählen, künden vom nahenden Frühling.

Frühjahrsblüher

Ab März	Kaukasische Iris, Märzenbecher, Blausternchen, Frühlings-Iris, Narzisse, Primel, Tulpe, Gänseblümchen, Stiefmütterchen, Blaukissen, Gänsekresse, Duftveilchen, Hornveilchen
Ab April	Vergissmeinnicht, Frühlingsplatterbse, Hyazinthe, Tränendes Herz, Traubenhyazinthe, Goldlack, Ranunkel, Dickmännchen, Günsel, Porzellanblümchen
Ab Mai	Akelei, Maiglöckchen, Phlox, Ehrenpreis, Federnelke, Gedenkgemein, Taubnessel, Schaumblüte

❋ Leichte Senkschäden, die besonders häufig nach Ablauf der Frostperiode oder nach starken Regenfällen auftreten, können Sie selbst beseitigen. An einem frostfreien, aber nicht sonnigen Tag werden die Gehölze umgestochen und vorsichtig angehoben. Dann werden die Senken mit Erdreich aufgefüllt. Danach sollte gut angegossen werden. Achten Sie darauf, mit einem Spaten oder einer Grabgabel die Gehölze möglichst tief unterzustechen und anzuheben, sodass ein genügend großer Wurzelballen unverletzt erhalten bleibt. Dann werden die Pflanzen sicher und schnell wieder anwachsen.

❋ Wenn keine starken Fröste mehr zu erwarten sind, sollten Sie Boden deckende Gehölze, Hecken, Zwergbäume und im Sommer blühende Ziersträucher zurückschneiden und überzählige Zweige auslichten.

❋ Winter- und Besenheide werden jetzt stark zurückgeschnitten.

❋ Wenn Sie Stauden zur Vermehrung teilen möchten, ist jetzt der richtige Zeitpunkt.

❋ Abgestorbene Pflanzen, Laub und abgefallene Äste sollten entfernt werden.

Nach der Blüte gräbt man die Zwiebeln aus. Man kann sie mit dem Laub in den Garten umpflanzen, damit sie sich für das nächste Jahr regenerieren können.

Pflanzen, die kei-
nen Frost vertra-
gen, dürfen erst
ab Mitte Mai
(nach den Eishei-
ligen) ins Freie.

✻ Jetzt erfolgt das Setzen von Zwiebel- und Knollengewächsen, die im Sommer blühen sollen.

✻ Stauden und Blütensträucher, die Spätfröste vertragen
(bis April), werden gepflanzt.

✻ Außerdem werden Frühjahrsblüher gepflanzt.

✻ Sommerblumen können direkt ausgesät oder im Haus
oder Garten vorgezogen werden.

✻ Bereits im Frühjahr sollten Wurzelunkräuter konsequent bekämpft werden (→ Seite 41–42).

✻ Überprüfen Sie das Grabmal auf Standsicherheit und
Frostschäden.

Viele Pflanzenarten stehen bereits im Frühjahr in voller Blüte.

Sommer

Jetzt haben Sie die Qual der Wahl, da die Auswahl an hübschen Blumen schier unüberschaubar ist. Suchen Sie sich am besten eine dominierende Sommerblume aus, die Ihnen besonders gefällt. Auf diese werden die übrigen Blumen in Farbe und Form abgestimmt.

Gestaltungsvorschläge für den Sommer

❄ Farbige Gruppen auf grünem Grund kommen besser zur Geltung, wenn die Blumen unterschiedliche Wuchshöhen haben (→ Abbildung unten). Wählen Sie einen Dreiklang, damit es nicht zu bunt wird.

❄ Zu bunten Sommerblumen passen besonders gut dunkel getönte oder sattgrüne Bodendeckerarten sowie Gehölze mit eher unscheinbaren Blüten.

Thymian und Rose werden in Kreisform locker auf dem Beet verteilt. Der Bodendecker Fetthenne ist umrahmt von Echeverie. Im Hintergrund spendet eine Birke Schatten.

Eis- und Knollenbegonie sind die klassischen Sommerblumen und überzeugen durch ihre Blühfreudigkeit bis in den Herbst. An sonnigen Standorten brauchen sie aber viel Wasser.

❋ Klar und sachlich ist die Kombination von Weiß, Rot und Blau: Zinnie, Feuersalbei und Männertreu.

❋ Romantisch und verspielt sieht eine Bepflanzung mit den Farben Rosa, Weiß und Violett aus: Bartfaden, Schleifenblume und Prachtstorchenschnabel sind für diese Farbzusammensetzung eine reizvolle Kombination.

❋ Zu weißen, gelben, aber auch rot und rosa blühenden Rosen passen besonders gut Salbei und Lavendel und als Begleitpflanze Blaustrahlhafer.

❋ Sonnig und heiter sind die Farben Gelb, Orange und Rot von Mittagsgold, Ringelblume und Kaisernelke.

❋ An schattigeren Standorten blühen jetzt in verschiedenen Farben Fleißiges Lieschen, Fuchsie und Pantoffelblume. Farne oder Ziergräser wie die Drahtschmiele sorgen für einen grünen Hintergrund.

Im Sommer kann man aus dem Vollen schöpfen, denn die Auswahl an Blumen in allen erdenklichen Farben und Formen ist riesengroß. Hier sehen Sie eine Kosmee.

Sommerblüher

Blütenpolster	Pfennigkraut, Sommersalbei, Männertreu, Schleifenblume, Hauswurz, Mauerpfeffer, Prachtstorchenschnabel, Funkie, Scheinbeere, Spanisches Gänseblümchen, Gewöhnlicher Thymian, Fetthenne, Fiederpolster, Laugenblume, Lavendel, Besenheide, Sommerheide, Prachtfetthenne, Katzenminze
Lang anhaltende Blüte	Fleißiges Lieschen, Gelber Lerchensporn, Eisbegonie, Fuchsie, Großblütige Pelargonie, Kleinblütige Pelargonie, Knollenbegonie, Petunie
Besonders attraktive Blüte	Gladiole, Bartfaden, Pantoffelblume, Zinnie, Dahlie, Mittagsgold
Einheimische Arten	Goldkamille, Türkenbundlilie, Kornblume, Ringelblume

Wichtige Arbeiten im Sommer

❁ Gedenktage: Sommeranfang, Fronleichnam, Mariä Himmelfahrt

❁ Bei lang anhaltender trockener und heißer Witterung wird morgens durchdringend gegossen, aber nicht direkt auf die Blätter oder Blüten – es besteht sonst Sonnenbrandgefahr!

❁ Pflanzen Sie in den Sommermonaten bis August im Herbst blühende Zwiebelblumen wie Herbstzeitlose und Krokusse.

❁ Sommerblumen werden angesät oder in gut mit Nährstoffen versorgte Erde gepflanzt. Bei stark wachsenden und blühenden Arten wird alle drei bis vier Wochen (bis maximal Ende August) Flüssigdünger in das Gießwasser gegeben.

❁ Frühlingsblühende Ziersträucher werden nach der Blüte ausgelichtet und in Form geschnitten.

»Ernten« Sie nach der Blüte die Samen fürs nächste Jahr! Besonders einfach ist dies bei Ringelblume, Löwenmäulchen oder Ziertabak.

Der Fingerstrauch blüht von Mai bis Oktober und übersteht auch kurze Trockenzeiten.

❁ Achten Sie jetzt besonders auf Krankheiten und Schädlinge (→ Seite 42–44). Blattläuse und Mehltau an Rosen werden bekämpft, stark befallene Pflanzenteile entfernt. Pflanzen, die wiederholt von Schädlingen befallen werden oder eine von einem Virus bzw. Bakterium hervorgerufene Krankheit haben, sollten Sie ganz ersetzen.

❁ Abgeblühte Stauden werden zurückgeschnitten und danach gut gedüngt und gewässert, damit sie noch einmal austreiben können. Jetzt ist auch die richtige Zeit, um Stauden für die Vermehrung zu teilen.

Im Hochsommer verwandeln sich Friedhöfe mit ihrer farbenprächtigen Bepflanzung zu verwunschenen Orten.

Herbst

Viele Sommerblumen blühen bis in den Herbst hinein. Jetzt zeigen sich auch viele Gräser von ihrer besten Seite. Laubbäume und Sträucher verfärben ihre Blätter, und Fruchtstände schmücken in Rot oder Weiß die Zweige. Gedeckte Farben und warme Naturtöne bestimmen das Bild.

Gestaltungsvorschläge für den Herbst

❃ Den besinnlichen Charakter dieser Jahreszeit kann man durch eine Anordnung der Pflanzen in Kreuzform hervorheben (→ siehe Abbildung).

Anfang November werden zum Gedenken der Verstorbenen viele Gräber durch zusätzliche Lichter, Kränze und Pflanzschalen besonders hergerichtet.

Für das Herbstgrab werden Silberblatt, Alpenveilchen und Chrysanthemen in einem Bett aus Efeu in Kreuzform angeordnet.

Herbstblüher

Blumen	Duftveilchen, Hornveilchen, Stiefmütterchen, Herbstmargerite, Herbstzeitlose, Kissenaster, Herbstkrokus, Alpenveilchen, Bergaster, Japan-Anemone, Herbstchrysantheme, Christrose, Erika, Strauchveronika
Früchte	Bärentraube, Berg-Ilex, Eibe, Hartriegel, Heckenkirsche, Kriechmispel, Scheinbeere, Skimmie

Schmückende Schoten oder Blätter haben im Herbst unter anderem Silberblatt und Fächerahorn.

❋ Die unzähligen roten, rosafarbenen und weißen Blütenglöckchen der Topfheide und der frostharten Besenheide sind der klassische Herbstschmuck auch für halbschattige Beete. Effektvolle Akzente lassen sich durch eine rautenförmige Anpflanzung und die Kombinationen verschiedener Blütenfarben erzielen.

Eine der beliebtesten und überall anzutreffenden Herbstblüher ist die Erika.

Wichtige Arbeiten im Herbst

❋ Gedenktage: Herbstanfang, Allerheiligen, Totensonntag

❋ Zwiebeln und Knollen im Frühjahr blühender Blumen werden jetzt gesetzt (bis Mitte November).

❋ Nicht winterharte Pflanzen werden herausgenommen und unter Umständen im Haus an einem kühlen, hellen Platz überwintert.

❋ Die Knollen von Begonien, Dahlien und Gladiolen werden vor den ersten Frösten ausgegraben und eingelagert.

❋ Jetzt werden auch Ziersträucher gepflanzt: Laub abwerfende bis in den November, immergrüne Sträucher möglichst bald.

❋ Pflanzen Sie im Herbst blühende Blumen und Stauden, gießen Sie gelegentlich, und schützen Sie sie gegen die kommenden Fröste.

❋ Abfallendes Laub wird entfernt.

Ende November sind die meisten, im Herbst anfallenden Arbeiten abgeschlossen.

Die herbstliche Verfärbung von Blättern und Gräsern taucht die Grabanlagen in warme, goldene Naturtöne.

Winter

Die Farbenpracht des Sommers und des Herbstes ist dahin. Ein Großteil der Vegetation hat sich zurückgezogen und wartet auf wärmere Zeiten. Jetzt schlägt die Stunde der immergrünen Nadelgehölze. Während sie im Sommer eher die zweite Geige spielten, rücken sie in der kühlen Jahreszeit in den Mittelpunkt. Auch im klassischen Stauden- und Gehölzsortiment findet man viele dekorative Arten, die durch ihre Fruchtstände oder die wintergrüne Belaubung den Gräbern in der kalten Jahreszeit einen hohen Zierwert verleihen.

Der Winter muss kein Stiefkind der Grabgestaltung sein. Auch in dieser Jahreszeit hält die Natur noch Dekoratives bereit.

Gestaltungsvorschläge für den Winter

❀ Durch eine spannungsvolle Höhenverteilung kommen die Zwerggehölze und Ziergräser auch mit Schneebedeckung gut zur Geltung (→ siehe Abbildung).

Dieses Grab schmücken Christrose, Ziergräser, Schneeheide und Immergrün. Die Tanne sorgt für weihnachtliche Stimmung.

- Die niedrige, jetzt rotlaubige Scheinbeere sieht mit dem silbergrauen Blaustrahlhafer oder den grünen Horsten des Bärenfellschwingels besonders reizvoll aus.
- Die Zuckerhutfichte oder die Balsamtanne mit ihren schwarzgrünen Nadeln eignen sich genauso wie die Kegelzypresse wegen ihrer Form als Weihnachtsbaum. Festlich geschmückt mit umweltfreundlichen Materialien sorgen sie auf dem Friedhof für eine festliche Stimmung.
- Als Abdeckung für neu angelegte Gräber oder Beete, bei denen keine Saisonpflanzen die Erde bedecken, eignen sich vor allem die schmückenden Zweige der Nordmanntanne.
- Sie können die »Grabdecke« auch floristisch gestalten, indem Sie aus getrockneten Blüten, Früchten, Zapfen oder Moos eine interessante Kombination zusammenstellen.

Die Winterheide entfaltet ihre Blüten auch bei Minusgraden und passt gut zu früh blühenden Rhododendren.

Gestecken aus robusten Materialien kann die Kälte nichts anhaben.

Winterblüher

Blumen	Schneeglöckchen, Winterling, Buschwindröschen, Winterheide, Christrose, Krokus, Lavendelheide

Wichtige Arbeiten im Winter

✿ Gedenktage: Winteranfang, Advent, Weihnachten, Sylvester, Dreikönigsfest

✿ Schützen Sie neu gepflanzte Stauden und Zwerggehölze sowie empfindliche Pflanzen vor Frost. Als Winterschutz eignen sich besonders Fichtenzweige, da diese locker auf dem Grab liegen und die Gefahr einer Verpilzung weniger gegeben ist. Völlig frostharte, robuste Pflanzen sollten wegen dieser Pilzgefahr überhaupt nicht abgedeckt werden.

Wenn die Tage immer kürzer werden, kommen die kleinen, flackernden Lichter, die in großer Zahl auf den Gräbern aufgestellt wurden, gut zur Geltung.

✿ Unbepflanzte Erde wird mit einem Gesteck, Reisig oder einer Mulchschicht abgedeckt, damit die Nährstoffe nicht ausgewaschen werden und außerdem der Boden nicht verschlämmt.

✿ Immergrüne Sträucher und neu gepflanzte Stauden sollten in trockenen Wintern an frostfreien Tagen gelegentlich gegossen werden.

✿ Auf dem Fensterbrett werden im Februar die ersten Blumen mit langer Vorkultur angesät und Zwiebelpflanzen in einer Pflanzschale vorgezogen. Achten Sie dabei unbedingt darauf, dass die Pflänzchen genügend Licht bekommen.

✿ Im Sommer blühende Ziersträucher und Laubgehölze können an einem frostfreien Tag durch einen gezielten Rückschnitt in Form gebracht oder durch einen starken Rückschnitt verjüngt werden.

✿ Bei starkem Schneefall sollte man Koniferen und immergrüne Laubgehölze von der Schneelast befreien, da ansonsten die Gefahr besteht, dass wegen Überlastung einzelne Äste geknickt werden.

✿ Lassen Sie den Schnee unbedingt auf dem Grabbeet liegen, da die Abdeckung die Pflanzen schützt.

Eine weiße Schneeschicht schützt die Pflanzen vor der eisigen Kälte.

Grabschmuck

Für Feiertage und Gedenktage, aber auch als schmückende Abdeckung im Winter bieten sich Gestecke, Pflanzschalen oder Sträuße an. In Gärtnereien finden Sie ein passendes Angebot für jede Gelegenheit. Wenn Sie aber etwas ganz Persönliches auf das Grab legen wollen, können Sie einen Kranz oder ein Gesteck auch selbst basteln oder sich einen Strauß nach Ihrem Geschmack zusammenstellen.

Umweltfreundliche Materialien

Ob gekauft oder selbst gebastelt, Kunststoffe sind im Grabschmuck unerwünscht.

Bei der Auswahl der Materialien für Gestecke sollten Sie immer auch an den Umweltschutz denken. Mancher Friedhofsmüll wirkt noch immer wie eine Sammelstelle für Kunststoffe, Grablichter und Pflanzenschalen aus Plastik. Und trotz der angestrebten Trennung sind diese nicht verrottenden Materialien auch in der Abteilung für Biomüll zu finden. Denn nicht jeder nimmt die Gestecke auseinander, um die einzelnen Bestandteile in die richtigen Behälter zu sortieren. Dabei gibt es umweltfreundliche und verrottende Materialien im Fachhandel, die ebenso schmückend sind wie solche aus Kunststoff. In den meisten Friedhofsordnungen ist es zudem verboten, Kunstblumen so-

wie goldgefärbte oder anders lackierte Früchte und Trockenblumen zu verwenden, auch wenn das in der Realität
kaum überprüft wird.

Gütezeichen »Vollständig kompostierbar«

Gesteckformen und Pflanzschalen sollten grundsätzlich
aus Materialien wie Stroh, Holz, Ton oder Stein sein. Darüber hinaus gibt es auch haltbare Pflanzschalen aus
pflanzlichen Rohstoffen wie z. B. Kokosfaser mit Naturlatex oder Steckformen aus Biolit, einer Art getrockneter
Pappe. Die Steckmasse muss vor dem Einsatz gut gewässert werden und hält dann die Feuchtigkeit einige Wochen. Auch Bänder und Schleifen werden aus verrottenden Materialien angeboten. Unlackierter Bindedraht ver-
rostet im Kompost innerhalb eines Jahres.
Achten Sie beim Kauf eines Gesteckes auf das Gütezeichen
»Vollständig kompostierbar«. Es bescheinigt, dass die Kränze und Gebinde ausschließlich aus natürlichen Materiali-
en hergestellt wurden. Aber auch ohne dieses Gütezeichen fertigen mittlerweile viele Friedhofsgärtner den
Grabschmuck aus kompostierbaren Naturmaterialien an.

*Die Grundmateria-
lien für Gestecke
wachsen in vielen
Gärten. Je nach
Jahreszeit stehen
Ihnen verschiede-
ne Blumen, Zweige
oder Früchte zum
Dekorieren zur
Verfügung.*

Pflanzenschmuck aus dem Garten

Ob haltbare Blumen oder immergrüne Gehölze, die Natur stellt Ihnen die meisten Materialien kostenlos zur Verfügung. Früchte tragende Bäume symbolisieren den Kreislauf von Leben, Tod und Auferstehung. Im Mittelalter
standen deshalb Apfel-, Birnen-, Quitten- oder Nussbäu-
me auf vielen Klosterfriedhöfen. Ein Zusammenspiel von

*In Kränzen und
Gestecken können
Sie die Symbolik
der Pflanzen und
Früchte aufgrei-
fen (→ Seite 104).*

Früchten, dauerhaften Fruchtständen und Zapfen ergibt lang haltende und überaus schmückende Gebinde. Grüne Äpfel, Hagebutten, die roten Beeren der Stechpalme oder die orangegelben Ballone der Lampionblume wirken mit ihren leuchtenden Naturfarben dekorativ.

Gestecke selbst basteln

Ein Gesteck herzustellen kann eine richtige Kunst sein. Doch auch mit wenig Vorkenntnissen können Sie sehr hübsche Ergebnisse erzielen. Hier nun zwei Vorschläge, wie Sie mit Naturmaterialien ohne großen Aufwand Gestecke in verschiedenen Formen herstellen können. Sie benötigen dafür ein scharfes Messer mit kurzer Klinge zum Säubern und Anspitzen der Zweige und eine Zange zum Verarbeiten des Basteldrahtes. Die Auswahl der Pflanzen bleibt Ihrem Geschmack überlassen. Doch auch hier gilt: Weniger ist oft mehr. Beschränken Sie sich auf eine geringe Anzahl von Arten, Farben und Formen.

Zusätzlich brauchen Sie eine stabile Astschere, mit der Sie Zweige von Bäumen und Sträuchern abschneiden und auf die richtige Länge einkürzen können.

Alle Materialien, auch das Band und der Basteldraht, sollten kompostierbar sein. Mit allem, was die Natur hergibt, können fantasievolle Gestecke gebastelt werden.

Mit den Blüten der jeweiligen Saison lassen sich wunderschöne Gestecke zaubern.

Ein Kranz aus Blumen, Gräsern und Zweigen
Für diesen Kranz brauchen Sie Weiden-, Birken- oder andere gut biegsame Zweige, einen dünnen, unlackierten Basteldraht, Blumen, Blätter und Gräser nach Geschmack und Jahreszeit und ein breites Bastband.

Anleitung Aus den Zweigen winden Sie einen lockeren Kranz, den Sie durch Umwickeln mit Draht in Form halten. Kürzen Sie die Stiele der Blumen etwas ein, und entfernen Sie alle Blätter außer denen, die sich direkt an der Blüte befinden. Stecken Sie die Blumen und Blätter zwischen die Zweige, und ziehen Sie zusätzlich dekorative Gräser durch den Kranz. Um dem Ganzen noch mehr Stabilität zu verleihen, sollten Sie in regelmäßigen Abständen ein breiteres Bastband locker um das Gesteck binden.

Statt frischer Blumen können Sie auch Trockenblumen nehmen. Vor allem im Herbst, wenn das Angebot am größten ist, hat man die Qual der Wahl.

Ein Gesteck oder Kreuz aus Zweigen

Hierfür brauchen Sie mehrere schöne Stücke Holz (z. B. längere Wurzeln, dicke Zweige oder Rinden), feste Schnur oder Basteldraht, Zweige mit Früchten, Buchs-, Efeu- oder Koniferenzweige, Blumen, Gräser und Zapfen.

Sie können auch sichtbare Schmuckbänder (aus verrottenden Materialien!) in das Kreuz einarbeiten.

Anleitung Binden Sie die Zweige oder die anderen Holzmaterialien in Form eines Kreuzes oder Dreiecks mit dem festen Faden oder Draht zusammen. Probieren Sie vorher aus, wie die Teile am besten zusammenpassen. In die Bindestellen werden die nicht zu kurz geschnittenen Zweige und Rankpflanzen hineingesteckt. Die Blumen und Gräser finden Halt in den Zwischenräumen unter einem um das Holz gewundenen Band oder sie werden einzeln festgebunden. Durch die Zapfen können Sie ein Loch bohren und sie dann auf ein Band ziehen, das locker um das Gesteck gewunden wird.

Mit farbigen Bändern können Sie in einfachen Gestecken Akzente setzen.

Sträuße binden

Als Schmuck für Gedenktage oder auch zwischendurch eignen sich liebevoll zusammengestellte Sträuße. Sie können sich in jedem Blumenladen nach Ihrem Geschmack etwas aussuchen. Auch aus dem eigenen Garten lässt sich ein schöner Strauß zusammenstellen. Achten Sie dabei aber auf lang haltende Arten. Die folgende Tabelle gibt Ihnen einen Überblick der wichtigsten Blumen, die bei guter Pflege und gleichmäßiger, frostfreier Witterung bis zu drei Wochen in der Vase ansehnlich bleiben.

Viele Schnittblumen sind das ganze Jahr über erhältlich. Im Winterhalbjahr werden sie oft aus wärmeren Ländern importiert.

Lang haltende Schnittblumen

Jahreszeit	Besonders haltbar	Haltbar
Frühling	Cymbie, Milchstern, Weidenkätzchen	Strelitzie, Flamingoblume, Steppenkerze
Sommer	Strandflieder, Statize, Zierlauch, Kugeldistel, Schafgarbe	Gladiole, Rose, Lilie, Goldrute, Schleierkraut, Riesenlauch
Herbst	Fetthenne, Artischocke, Chrysantheme, Erikazweig	Sonnenblume, Herbstaster, Rose, Dahlie, Lilie, Gerbera
Winter	Frauenschuh, Chrysantheme, Cymbie, Protea-Arten, Kap-Rose	Amaryllis, Flamingoblume, Nerine, Nelke

So hält Ihr Strauß länger

Bei allen Schnittblumen kann man, neben der richtigen Auswahl, durch einfache Maßnahmen die Haltbarkeit verlängern:

❀ Der Strauß sollte immer im Wasser stehen. Achten Sie deshalb darauf, dass die Zeit zwischen dem Kauf (oder der Ernte im eigenen Garten) und der Aufstellung in der Vase möglichst kurz ist.

Damit die Vase keine Beine bekommt, sollte sie nicht zu wertvoll sein (→ Seite 134).

❀ Kürzen Sie den Stiel vor dem Einsetzen in die Vase mit einem scharfen Messer ein, auf jeden Fall oberhalb eventueller Quetschungen. Dadurch werden die Leitungsbahnen wieder geöffnet, und die Pflanzen nehmen leichter Wasser auf.

❀ Entfernen Sie nach dem Einkürzen alle Blätter in den Stielbereichen, die im Vasenwasser untertauchen. Sie fangen sonst nach kurzer Zeit an zu faulen, und das würde die Haltbarkeit der Blumen beeinträchtigen. Wechseln Sie deshalb auch regelmäßig das Wasser in der Vase.

❀ Bei Blumen mit holzigen oder faserigen Stielen sollten Sie das untere Ende auf eine Länge von etwa zwei bis drei Zentimeter vorsichtig weich klopfen. Auch das fördert die Wasseraufnahme.

Duftig leicht wirkt ein Strauß aus weißen Nelken und Schleierkraut.

✲ Stellen Sie die Vase möglichst nicht in die pralle Sonne. Bei starken Temperaturschwankungen machen die Blumen schneller schlapp.

Blumensträuße im Jahresverlauf
Jede Jahreszeit hat ihren eigenen Charakter, ihre eigenen Farben und Formen. Hier einige Vorschläge für jahreszeitlich orientierte Gebinde:

Frühjahrsstrauß Kleinblütige Narzisse und Vergissmeinnicht, kombiniert mit weiß blühenden Zweigen wie von Spierstrauch, Schneeball oder Apfel, symbolisieren das zarte Erwachen der Natur.

Sommerstrauß Dill, Wildgräser, Johanniskraut, rote oder orange Blumen wie Ranunkel, Tränendes Herz oder Chrysantheme vereinen die Farben- und Formenpracht des Sommers. Klassische Eleganz strahlen Lilien, Rosen oder Gerbera aus.

Herbststrauß Lampionblume, Kriechmispel, Hagebutte und Silberblatt erinnern an die Ernte und den Übergang zur kalten Jahreszeit. Herbstliche Akzente setzen auch Sonnenblume, Dahlie und Chrysantheme.

Winterstrauß Nadelbaum- und Stechpalmenzweige, Efeu und Mahonie mit Beeren sind Schmuckstücke des Winters. Hoch dekorativ wirken auch blühende Erikazweige, die zudem lange haltbar sind. Nach dem Eintrocknen der Blütchen verblassen die Violett- und Rottöne nur ganz allmählich.

Wenn Sie Efeu, Dickmännchen und Buchs zurückschneiden, brauchen Sie die Zweige nicht wegzuwerfen. Sie passen gut in einen Strauß aus Schnittblumen.

Vasen selbst basteln

Da gerade Vasen gerne vom Grab gestohlen werden, sollten Sie keine teuren Gefäße draußen stehen lassen. Mit etwas Geschick lassen sich Gefäße für Sträuße selbst basteln bzw. verschönern. Auf eine oben abgeschnittene Plastikwasserflasche können z. B. immergrüne Blätter oder Zweige geklebt oder geheftet werden. Durch eine Schleife aus Naturbast oder Jute erhält das Ganze einen Halt. Ebenso können Sie mit Blechdosen verfahren, die auch mit einem Tuch bespannt oder angemalt sehr dekorativ sind. Kieselsteine auf dem Vasenboden verhindern, dass der Strauß umgeweht wird. Hübsche, möglichst schwere Flaschen, wie z. B. Champagnerflaschen, eignen sich für hohe und schmale Sträuße. Eine Rose mit Efeu oder ein Magnolienzweig sieht darin besonders bezaubernd aus.

Schalen dekorativ bepflanzen

Am besten wirken die Schalen vor einem ruhigen, dezent bepflanzten Hintergrund.

Sie können fast alle Garten- und Balkonblumen in Töpfe und Schalen pflanzen und aufs Grab stellen. Einige Arten, wie z. B. Primeln, vertragen es aber besonders schlecht, wenn die Erde auch nur kurzfristig eintrocknet. Auch Staunässe schädigt viele Arten nachhaltig. Deshalb sollten Sie nur Gefäße mit einen Abzugloch verwenden bzw. selbst eines in die Schale bohren, falls es das Material erlaubt, und eine Dränageschicht aus Kieseln oder Hydrokultursteinen einfüllen, bevor Sie humusreiche und gut durchlässige Erde darüber schichten.

Schalen aus pflanzlichen Rohstoffen, beispielsweise aus Kokosfaser mit Naturlatex, verrotten auf dem Kompost (→ Seite 127). Diese Töpfe sind sehr schlicht, lassen sich aber durch das Umwickeln mit Efeuranken oder Weidenzweigen veredeln.

Pflanzschalen im Jahresverlauf

Jahreszeitlich verschieden bepflanzte Schalen setzen Akzente und sorgen zwischen der Dauerbepflanzung für Abwechslung.

Frühling mit Zwiebelblumen Für eine besonders frühe Blüte können Sie die Zwiebelpflanzen im Winter auf der Fensterbank vortreiben. Besonders gut eignen sich Tazette, Winterling, Blaustern, Schneestolz, Schneeglöckchen und Traubenhyazinthe.

Die Zwiebeln werden so eingesetzt, dass der Sprossansatz über der Erde bleibt. Bei gleichmäßiger Feuchte und Temperaturen um 12 °C können Sie sich bald über die bunten Frühlingsfarben freuen. Zu hohe Temperaturen können aber dazu führen, dass die Blütenschäfte abreißen oder sich zuviel Laub entwickelt.

Eine Kombination aus gelben Narzissen und Primeln mit lila Hyazinthen und den kleinblütigen Traubenhyazinthen passen gut zu Efeublättern und Weidenkätzchen.

Dieser Klassiker unter den Frühjahrsblühern darf in keiner Pflanzschale fehlen. Vor allem mit blau- oder violettblütigen Pflanzen kommen Narzissen gut zur Geltung.

Eine Kräuter-
schale sieht
nicht nur gut aus,
sondern bezau-
bert auch durch
ihren Duft.

Kräuter für den Sommer Stellen Sie sich eine Mischung aus Ihrem Kräutergarten zusammen. Minze, Lavendel, Salbei, Beifuß, Schnittlauch und Thymian werden zusammen in eine Schale gepflanzt. Wenn Sie mehr Farbe wollen, können Sie in die Mitte ein paar Ringelblumen, Schleierkraut oder Glockenblumen setzen.

Frostharte Pflanzen für die kalte Jahreszeit Ein paar Minusgrade sollten die Pflanzen schon vertragen, die Sie jetzt nach draußen stellen. Dazu eignen sich beispielsweise Alpenveilchen, Chrysanthemen, Heidegewächse, Christrosen oder auch eine kleine Zwergkonifere.

Lichter für das Grab

Gerade in der dunkeln Jahreszeit sind Lichter ein Symbol für Hoffnung. Deshalb zündet man nicht nur am Weihnachtsbaum Kerzen an, sondern auch auf dem Friedhof. Auch hier gilt wieder: Damit Grablichter nicht unnötig Müll erzeugen, sollten Sie umweltfreundliche Alternativen mit rein pflanzlichen Ölen und kompostierbaren Hüllen verwenden. Es gibt heute sogar Akku-Lichter, die nach dem Aufladen etwa zwei Wochen lang leuchten. Ewigkeitslichter mit Einmalbatterien müssen dagegen entsorgt werden.

Achten Sie da-
rauf, dass die
Lampen einen
festen Stand
haben und nicht
bei der nächsten
Windböe umge-
worfen werden.

Gestaltungsvorschläge mit Lichtern

Lampen können »solo« oder im Ensemble mit anderen Schmuckelementen aufgestellt werden. Nachfolgend einige Anregungen:

❊ Das »ewige Licht« wirkt in einem Gesteck noch wärmer. Einen besonders schönen Rahmen bildet eine Zusammenstellung aus Früchte tragenden Zweigen, z. B. von Stechpalme, Mahonie oder Hagebutte, und Fichtenzweigen, an denen noch die Zapfen hängen.

❊ Ein goldener Glanz wird durch Stroh und herbstlich verfärbte Blätter erreicht. Kombinieren Sie sie mit roten Beeren oder Äpfeln; das wirkt besonders weihnachtlich. Diese Materialien können Sie auch einölen, um Haltbarkeit und Glanz zu erhöhen.

❊ Als Windschutz für Lichter gibt es sehr hübsche gusseiserne Laternen. Damit sie nicht so leicht gestohlen werden, sollten Sie sie in der Erde oder auf einer Platte fest verankern.

Die einzelnen Komponenten des Gestecks müssen so platziert werden, dass sie der Flamme nicht zu nahe kommen.

Die gusseiserne Laterne harmoniert gut mit dem grauen Marmor.

Nützliche Adressen und Literatur

Zubehör

Bezugsquelle Faltbare Schubkarre:
Fa. Sirocco
Müschenfeld 15
47533 Kleve
Tel (0 28 21) 78 09-0

Bezugsquelle Dauer-Grablicht mit
Ladegerät:
Fa. Ellwa
Amorbacher Str. 45
74722 Buchen-Hettingen
Tel (0 62 81) 22 19
Fax (0 62 81) 9 63 19

Das AETERNA-Öllicht für Grabbeleuchtung
mit kompostierbarer Hülle ist im Fachhandel erhältlich. Einen Bezugsquellennach-
weis bekommen Sie bei der:
Aeterna Lichte GmbH & Co.
Georgsweder Damm 1
20539 Hamburg
Tel (0 40) 7 80 76 00
Fax (0 40) 78 07 60 66

Rund um den Friedhof

Das Bestattungsrecht und die Musterfriedhofssatzung des Deutschen Städte- und Gemeindebundes vom 8. Februar 1989 finden
Sie im Internet unter:
http://www.postmortal.de.
Und hier bekommen Sie die komplette
Adressenliste der Friedhofsgärtner-Genos-
senschaften und Treuhandstellen für Dau-
ergrabpflege:

Bund der deutschen Friedhofsgärtner im
Zentralverband Gartenbau
Godesberger Allee 142–148
53175 Bonn
Friedhofsgärtner im Internet:
http://www.grabpflege.de

Grabmale

Versendung von Ausstellungs-Katalogen
zum Thema Grabmal, Friedhof und Denk-
mal:
Arbeitsgemeinschaft Friedhof und
Denkmal e.V.
Weinbergstraße 25–27
D-34117 Kassel
Tel (05 61) 9 18 93-0
Fax (05 61) 9 18 93-10
E-Mail AFD.KASSEL@T-Online.de

Bundesinnungsverband des
Deutschen Steinmetz-,
Stein- und Holzbildhauerhandwerks
Weißkirchener Weg 16
60439 Frankfurt/M.

Literatur

A. Lindner und A. Hempfling: Stilvoller
Grabschmuck. © Augustus Verlag. München 1999
S. und J. Baader: 999 Gartentipps. © Weltbild Verlag. Augsburg 2000
H.-K. Boehlke: Das Bestattungs- und Fried-
hofswesen in Europa. © Europäische Be-
statter-Union. 1977

Über dieses Buch

Die Autorin
Brigitte Lemberger arbeitet im Bereich Landschaftspflege und Gartenbau. Besonders am Herzen liegt ihr die Staudengärtnerei.

Haftungsausschluss
Die Inhalte dieses Buches sind sorgfältig recherchiert und erarbeitet worden. Dennoch kann weder die Autorin noch der Verlag für die Angaben in diesem Buch eine Haftung übernehmen.

Impressum
Es ist nicht gestattet, Abbildungen und Texte dieses Buches zu digitalisieren, auf PCs oder CDs zu speichern oder auf PCs/Computern zu verändern oder einzeln oder zusammen mit anderen Bildvorlagen/Texten zu manipulieren, es sei denn mit schriftlicher Genehmigung des Verlages.

Weltbild Buchverlag, Augsburg
© 2000 Weltbild Verlag GmbH, Augsburg
Alle Rechte vorbehalten

Redaktion: Bettina Gratzki · Germering
Bildredaktion: Susanne Allende
Fachberatung: Alois Brandl · München
Illustrationen: Beate Brömse · München
Umschlag: Greenstuff, Iris und Jochen Grün · München
Layout: Lydia Koch
DTP/Satz: Dirk Risch · München
Reproduktion: Typework Layoutsatz & Grafik GmbH, Augsburg
Druck und Bindung:
Offizin Andersen Nexö – ein Betrieb der INTERDRUCK

Gedruckt auf chlorfrei gebleichtem Papier

Printed in Germany

ISBN 3-89604-434-6

Bildnachweis
AFD Arbeitsgemeinschaft Friedhof und Denkmal e.V. / Museum für Sepulkralkultur, Kassel: 109 (Haase); Helga Florian, München: 129; Frank Hecker NATUR Fotografie, Panten-Hammer: 64 (4 x), 78, 80, 88, 112; Image Bank Bildagentur GmbH, München: 130 (Heine-Stillmark); Mauritius Die Bildagentur GmbH, Mittenwald: 18 (Mitterer); natureART-Umweltmedien, Göttingen: 30 (Gruber), 52 (Gruber), 56 (Gruber), 57 (Gruber), 86 (Gruber), 135 (Heise), 137 (Schwarz); Silvestris Fotoservice, Kastl: 123 (Kottal); Kurt Stein, Murnau: 13, 17, 26, 45, 60, 83, 96, 101, 102, 104, 116, 120, 132.

Titel: Frank Hecker NATUR Fotografie, Panten-Hammer

Pflanzen und Sachbegriffe von A bis Z